Straeon Tafarn
13 o dafarnau mwya' difyr Cymru

Straeon Tafarn

13 o dafarnau mwya' difyr Cymru

Alun Gibbard a Dewi Pws

y olfa

*I Bethan, Lowri a Ffion
Gyda lot o gariad!*

Argraffiad cyntaf: 2012

© Hawlfraint Alun Gibbard a'r Lolfa Cyf., 2012

Mae hawlfraint ar gynnwys y llyfr hwn ac mae'n anghyfreithlon i lungopïo neu atgynhyrchu unrhyw ran ohono trwy unrhyw ddull ac at unrhyw bwrpas (ar wahân i adolygu) heb gytundeb ysgrifenedig y cyhoeddwyr ymlaen llaw

Dymuna'r cyhoeddwyr gydnabod cymorth ariannol
Cyngor Llyfrau Cymru

Diolch i Siân Jones am yr hawl i ddefnyddio pennill Dic Jones ac i Eluned Richards am yr hawl i ddefnyddio'r gerdd 'Preseli' gan Waldo

Seiliwyd y gyfrol hon ar y gyfres deledu *Straeon Tafarn* a gynhyrchwyd gan Tinopolis ar gyfer S4C

Lluniau mewnol: Tinopolis / Warren Orchard

Llun y clawr: Warren Orchard
Cynllun y clawr: Y Lolfa

Rhif Llyfr Rhyngwladol: 978 1 84771 518 0

FSC

Cyhoeddwyd, rhwymwyd ac argraffwyd yng Nghymru gan
Y Lolfa Cyf., Talybont, Ceredigion SY24 5HE
gwefan www.ylolfa.com
e-bost ylolfa@ylolfa.com
ffôn 01970 832 304
ffacs 832 782

Cynnwys

	Iechyd Da!	7
1	Gwesty Pen-y-Gwryd, Capel Curig	12
2	Y Pic, Rhydaman	22
3	Y Ship, Abergwaun	33
4	Y Black Boy, Caernarfon	45
5	Y Tŷ Cornel, Llangynwyd	56
6	Douglas Arms, Bethesda	70
7	Y Queens, Abertawe	82
8	Y Llew Coch, Dinas Mawddwy	93
9	Dyffryn Arms, Cwm Gwaun	106
10	Y Ring, Llanfrothen	118
11	Y Red Lion, Llangadog	131
12	Y Sloop, Porth-gain	145
13	Glan-yr-Afon, Talgarreg	158

Ma' cwrw gwell na'i gilydd,
Nid oes dim cwrw gwael.
Y man lle mae 'nghyfeillion
Mae'r cwrw gore i'w gael.

                Dic Jones

Iechyd Da!

MAE TAFARNAU'N BODOLI bron ers bod syched ar ddynion a menywod, a chyn hynny hyd yn oed yng Nghymru! Synnen i beint mai'r Celtiaid oedd sylfaenwyr Undeb y Tancwyr! Wedyn daeth y Rhufeiniaid i greu'r peth agosa i'n tafarnau ni heddi'. A dweud y gwir, fuon nhw'r un mor brysur yn adeiladu tafarnau ag y buon nhw'n adeiladu ffyrdd hir, di-ben-draw. Gwin oedd eu hoff ddiod ac er bod cwrw ar gael roedd yn cael ei ystyried yn eitha israddol a chomon! Do'n nhw ddim yn deall popeth mae'n amlwg.

'Tabernae' oedd yr enw ar y llefydd hyn yn Lladin, sef iaith y Rhufeiniaid wrth gwrs. Ac mae'n eitha doniol meddwl bod yr un gair wedi rhoi 'tafarn' a 'tabernacl' i ni. Rhyfedd o fyd! Faint o gwmpo mas fuodd rhwng hoelion wyth y tafarnau a diaconiaid tabernaclau ni'r Cymry dros y blynyddoedd dwedwch?! Ond, fu'r dafarn a'r capel erioed yn bell 'wrth ei gilydd mewn gwirionedd. Roedd mynachlogydd trwy Gymru'n bragu cwrw ar gyfer y mynachod eu hunain, ynghyd ag unrhyw un arall oedd yn galw i'w gweld. Sefydlodd ambell weinidog ei fragdy ei hun hefyd, ac mae'n siŵr bod mwy nag un o'r tafarnau yn y llyfr hwn wedi cynnig cwrw yn enw'r Reverend James, y gweinidog a agorodd fragdy rai canrifoedd ar ôl y myneich. A hyd heddi', mae peint o'r Reverend James yn dderbyniol iawn ble bynnag welwch chi lun y dyn ei hun ar y pwmp yn y bar.

O gofio'r hanes hyn, dyw e fawr o syndod bod naws crefyddol i enwau lot o dafarnau cynnar. Hynny yw, cyn i Harri VIII benderfynu dinistrio'r mynachlogydd i gyd. Diflannodd lot o'r enwau crefyddol ar dafarnau yn ystod yr amser hyn. Ond roedd ambell dafarnwr dyfeisgar yn awyddus i'w cadw rhag diflannu'n gyfan gwbl. Roedd gan sawl tafarn yr enw St Peter's, ar ôl ceidwad gatiau'r nefoedd wrth gwrs. Cafodd lot o'r rhain eu newid yn Crossed Keys. Cryptig iawn! Erbyn heddi', mae unrhyw dafarn o'r enw Crossed Keys yn fwy tebygol o fod yn gyfeiriad at y man lle roedd carcharorion yn cael eu cyfnewid wrth gael eu symud o garchar i garchar na'r man lle roedd y meirw yn trio cael mynediad trwy gatiau'r nefoedd.

Mae'n debyg mai'r Rhufeiniaid hefyd sy piau'r arfer o roi arwydd y tu allan i dafarndai; nhw ddechreuodd osod gwinwydd dros y drws i ddangos ble oedd gwin ar gael. Pan ddaethon nhw draw aton ni yn y Gorllewin fe welon nhw nad oedd y ffrwythau hyn yn tyfu yn y wlad hon, wrth gwrs, felly wnaethon nhw fabwysiadu pa bynnag blanhigyn bytholwyrdd oedd gerllaw. Roedd celyn yn un poblogaidd a dyna pam y cafodd lot o dafarnau eu bedyddio â'r enwau The Bush neu'r Hollybush. Aeth yr holl fusnes enwi yn grefft ganddon ni dros y blynyddoedd ac mae straeon digon diddorol wrth wraidd enwi lot o'r tafarnau yn y llyfr hwn. A lot o anghytuno hefyd. Mae'n amlwg i wir darddiad enw sawl tafarn fod yn destun sgyrsiau digon tanllyd dros beint ar hyd y cenedlaethau, ac yn sgil y trafod hwnnw crëwyd sawl chwedl newydd. Maen nhw'n dal i gwmpo mas yn y Ring yn Llanfrothen ac yn y Black Boy yng Nghaernarfon!

Yn anarferol, mae yna gapel y tu mewn i un o'r tafarnau yn y llyfr, sef Gwesty Pen-y-Gwryd, Capel Curig yn ardal Eryri. Dyma'r dafarn a ddefnyddiwyd gan y dynion oedd yn ymarfer ar gyfer dringo hanner ffordd lan i'r nefoedd wrth iddyn nhw geisio concro Everest am y tro cynta yn 1953. A phwy a ŵyr, falle iddyn nhw ddweud ambell weddi fach yn y capel drws nesa i'r bar.

Mae'r storïau sy'n perthyn i dafarnau Cymru yn adlewyrchu shwd mae hanes ein gwlad fach ni wedi newid a datblygu gyda llanw a thrai amser. Mae penderfyniad tafarnwyr unigol i barhau â'u busnesau a chynnig peint i bobol leol yn rhan o storïau Cymru, yn rhai bach a mawr. Codwyd rhai tafarnau yn sgil rhai o hanesion mwya ein gwlad ac agorodd eraill eu drysau ym merw rhai o'r digwyddiadau hynny gan gario

Iechyd Da!

'mlaen i weini cwrw ar ôl i'r hanesion eu hunain ddiflannu. Mae tafarnau'n rhan annatod o'r straeon sy wedi llunio'r Gymru ry'n ni'n byw ynddi heddi'.

Mae dwy o'r tafarnau ry'n ni'n ymweld â nhw yn y llyfr hwn yn enghreifftiau gwych o hyn, sef y Douglas Arms, Bethesda a'r Pic yn Rhydaman. Mae cysylltiad uniongyrchol rhwng y mannau hyn i dorri syched a datblygiad diwydiant a chymunedau'r dosbarth gweithiol. Mae sŵn trafod perchnogion busnes, clinc eu harian, dwndwr protestio swnllyd streicwyr tlawd ac ergydion niweidiol terfysgoedd yn atsain ar hyd y muriau hyd heddi'. Mae hyd yn oed sŵn gynnau marwol Sbaen yr 1930au i'w clywed yn y dafarn yn Rhydaman.

Blas halen y môr sy i nifer o dafarnau eraill y llyfr. Maen nhw'n agosach at y llanw a thrai go iawn ac yn perthyn i hanes morwrol cyfoethog Cymru sy mor rhwydd i'w anghofio o ystyried y pwyslais sy'n cael ei roi ar y diwydiant glo. O'r Black Boy yng Nghaernarfon i'r Queens yn nociau Abertawe, mae ôl halen i'w weld o hyd yn y paent ar y welydd. Felly yn y Sloop ym Mhorth-gain hefyd, ac yn y Ship yn Abergwaun. Yn achos y Ship, mae'r dafarn yn rhan o un digwyddiad go fawr ganrifoedd yn ôl, ond bydd yn rhaid i chi ddarllen ymlaen i gael mwy o'r hanes hynny.

Mae rhai o'r tafarnau yn mynd â ni ymhellach fyth yn ôl. Mae cysgod arferion ein cyndeidiau Celtaidd dros y Dyffryn Arms, Cwm Gwaun a'r Red Lion yn Llangadog, ar safle hen gaer Garn Goch, a'r Tŷ Cornel yn Llangynwyd yn sir hynafol Morgannwg. Gewn ni damed bach o ramant yn Llangynwyd hefyd – ond does fawr o ramant yn perthyn i'r arwydd welwch chi yn y tafarnau sy'n dweud yn blaen bod cwrw'n helpu pobol salw i gael secs ers dros ddau gan mlynedd! Mae stori Llangynwyd yn un o straeon mwya rhamantus Cymru gyfan. Sŵn gang afreolus y Gwylliaid Cochion sy yn ardal y Llew Coch, Dinas Mawddwy. Ond sŵn un dyn sy'n llenwi tafarn Glan-yr-Afon yn Nhalgarreg, y storïwr enwog a'r unigryw Eirwyn Pontshân.

9

Straeon Tafarn

Mae rhan ganolog i'r dafarn hyd heddi', mewn ffyrdd annisgwyl weithiau. Mae un stori grêt am bobol ddŵad o Loegr yn symud i ardal lle roedd digon o Gymraeg a phenderfynu dod yn rhan go iawn o'r gymuned trwy newid enw'r dafarn o'r Black Horse i'r Ceffyl Du. Ond roedd y *locals* yn grac dros ben! 'Y Black Horse yw hon wedi bod erioed, a'r Black fydd hi!' medden nhw. Bu'n rhaid i'r Sais o dafarnwr, druan, droi enw'r dafarn 'nôl o'r Gymraeg i'r Saesneg! Odi mae tafarn, a'i henw, yn gallu bod yn bethe digon sanctaidd, beth bynnag arall sy yn y fantol ar y pryd.

Y landlord yw calon go iawn y dafarn, neu'r landledis yn achos Bessie Dyffryn Arms a Christine Douglas Arms. Mae sawl landlord wedi magu statws chwedlonol ac un a ddaw i'r meddwl yn syth yw'r diweddar Tom Watts a fu'n cadw Gwesty Browns yn Nhalacharn am flynyddoedd. Roedd yn bleser ei glywed yn rhaffu straeon am un o'r *locals* gynt, neb llai na'r bardd Dylan Thomas, oedd hefyd yn un o'i ffrindiau. Roedd e'n gallu adrodd straeon am oriau, â gwên ddireidus ar ei wep wrth eu dweud. Roedd y bobol leol i gyd yn gwbod nad oedd gronyn o wirionedd i'r rhan fwya o'r storis, ond wrth gwrs roedd yr Americanwyr hygoelus yn eu cario 'nôl dros y dŵr – a hynny, yn ei dro, yn ychwanegu at y stoc o straeon am y bardd sy'n perthyn i'r wlad lle daeth ei fywyd i ben. Yn nyddiau tafarnau cadwyn sy 'run peth bob man ry'ch chi'n mynd, mae colled fawr ar ôl Tom a'i debyg.

Odyn, mae eu storïe yn werth eu clywed ac er mwyn cadw'n driw at leisiau'r siaradwyr fe gofnodwyd eu geiriau llafar yn eu holl amrywiaeth.

Mae sawl un o'r tafarnau yn y llyfr hwn mewn mannau digon amlwg yng nghanol pentre neu dre. Ond beth bynnag yw ei olwg o'r tu fas, y funud ry'ch chi'n agor y drws y daw cymeriad ac ysbryd y lle yn fyw. Y funud y gwelwch chi'r bobol sy'n ishte yn eu sêtau arferol yn yfed eu hoff ddiodydd; y funud y gwelwch chi'r lluniau ar y wal; y cardiau post sy wedi eu stwffio ar hyd y cownter; yr arwyddion bachog uwchben y bar a'r graffiti doniol mewn ambell fan – er enghraifft, ar

Iechyd Da!

ddarn o bren uwchben y bar yn y Queens, Abertawe, mae rhywun wedi sgriblo: 'Health Warning! This bar may contain nuts.'

Felly, mae tafarnau yn fannau i garu ac i alaru, i ddathlu a siomi, i gysgu a chymdeithasu, i fwyta a darllen, i ddysgu a chuddio, i chwerthin a bod yn dawel – neu jyst yn lle i gael dam gwd peint! Mae'r tafarnau yn y llyfr hwn yn gymysgedd o ran eu daearyddiaeth, eu chwedlau a'u straeon, yn ogystal â'r cymeriadau ffyddlon sy'n pwyso ar bob un bar.

Mae pob un o'r tafarnau wedi cyffwrdd ag o leia un o'r mwynau sy wedi cael eu rhwygo mas o grombil ein tir a rhoi siâp ar ein Cymru ni: y glo, y garreg, y llechi, y copr, y plwm a heb anghofio ffatri frics Porth-gain hefyd. O'r dwst yma yr adeiladwyd y tai i dorri syched y llafur.

Fel y gwelwch chi, mae sawl rhan o stori Cymru yn y tair tafarn ar ddeg sy yn y llyfr hwn, ac mae lot mwy o'r ardal lle daethon nhw. A dweud y gwir, yr hyn sy ar y tudalennau hyn yw dim byd llai na hanes Cymru. Dyna beth o'n i'n mynd i alw'r llyfr ond o'n i'n meddwl petawn i'n gwneud hynny na fyddai neb yn ei brynu fe, felly wnes i setlo ar yr enw *Straeon Tafarn*. Ac os y'ch chi'n darllen hwn nawr, wel, wnes i'r peth reit. Iechyd da!

Alun Gibbard
Tachwedd 2012

1
Gwesty Pen-y-Gwryd, Capel Curig

TAFARN Â'I LLYN ei hun yn yr ardd a lle i barcio'ch helicopter gerllaw os ydych chi ishe hefyd – na, nid tafarn gyffredin mo Gwesty Pen-y-Gwryd, Capel Curig yn Eryri. Ond peidiwch â meddwl mai tafarn posh yw hi chwaith. Mae'n lle cartrefol, hynaws sy â'i draed yn sownd yn naear Eryri ac sy'n cuddio yng ngofal ei llethrau a'i chlogwyni. Mae dringwyr a cherddwyr wedi bod yn aros ac yn galw yma ers degawdau gan ei bod mewn man cyfleus tu hwnt i fwynhau gogoniant garw copaon ucha Cymru. Mae rhyw ddeunaw milltir o Fangor a naw o Fetws-y-coed, felly mae modd mynd oddi yma'n ddigon rhwydd a mwynhau rhai o atyniadau eraill yr ardal. A chyn i ni fynd 'mlaen, ystyr y gair 'gwryd' yw 'fathom', sy naill ai'n uned fesur – yn y byd morwrol fel arfer – neu'n ffordd o drio deall rhywbeth ('get to the bottom of') yn Saesneg. Felly, bant â ni i drio 'gwrhydio', neu mewn geiriau eraill i 'blymio' stori Pen-y-Gwryd!

Mynydd ucha Cymru a mynydd ucha'r byd

Os yw Pen-y-Gwryd yn enw cyfarwydd iawn i ddringwyr Cymru ers degawdau lawer, daeth yn enw cyfarwydd trwy'r byd i gyd yn 1953. Dyma oedd canolfan ymarfer Edmund Hilary, y Cymro Charles Evans a rhai ymhlith gweddill y tîm a fyddai'r cynta erioed i goncro Everest y flwyddyn honno. Pen-y-Gwryd oedd eu HQ yn yr wythnosau cyn mentro'r holl ffordd o Tibet gogledd Cymru i Nepal! Mae un o ddringwyr gorau'r byd yn gyfarwydd iawn â Phen-y-Gwryd ac mae Eric Jones, sy wedi bod ar Everest ei hunan, yn gyfarwydd iawn â hanes bois '53 pan oedden nhw'n aros yn y dafarn.

'Mae'n siŵr gen i bod aelodau'r tîm Prydeinig oedd am fentro i gopa Everest y flwyddyn honno yn gyfarwydd ag Eryri yn barod. Roedden nhw wedi bod yma'n dringo droeon cyn hynny. Felly, pan ddoth yn amser i ddechrau trefnu'r daith i geisio concro mynydd ucha'r byd am y tro cynta, roedd Eryri yn fan amlwg iddyn nhw ddod. Ac yna, wrth gwrs, wedi gwneud y penderfyniad hwnnw, Pen-y-Gwryd oedd y lle amlwg i aros.'

Mae yna luniau o'r dringwyr enwog ar wal y dafarn hyd heddi' yn eu dangos yn rhannu peint neu'n cael tynnu eu lluniau gyda'r trigolion lleol balch. Mae'n siŵr bod gan lot o'r bobol leol eu trysorau nhw eu hunain o'r chwe mis y buodd Hilary a'i griw yn eu plith hefyd. Ond yn rhyfedd iawn, pan oedd y criw yn aros yn y dafarn, wnaethon nhw ddim cymaint â hynny o ddringo mewn gwirionedd.

'Roedden nhw wedi trio'r offer ocsigen tra oedden nhw yma ond cerdded yn fwy na dringo wnaethon nhw. Tydi dringo Everest ddim yn dechnegol anodd a felly doedd dim angen taclo'r llethrau o safbwynt techneg dringo. Roedd mwy o alw am ymarfer cerdded ar hyd y llethrau serth a garw. Naethon nhw drio'r offer yn ochrau Nant Gwynant er enghraifft a go brin y byddai unrhyw un sy'n dringo yno heddiw yn meddwl

Straeon Tafarn

am fentro ar Everest gyda'r offer oedd ganddyn nhw tra oedden nhw yma'n ymarfer! Byddai'r tîm wedi gwisgo côt *down*, un esgid ar ben un arall a *crampons* ar ben y rheiny i ddringo drwy'r rhew, ceibiau rhew a'r offer ocsigen. Roedd yr offer hwnnw'n drwm iawn ac yn gyntefig yn ôl ffor ma petha' heddiw!'

Pan ddaeth y newyddion, y bore hwnnw yn 1953, bod Everest wedi ei choncro, ffoniodd un o fois y *Times* Westy Pen-y-Gwryd i rannu'r newyddion da. Fe wnaeth y landlord, Chris Briggs, ddeffro pawb a mynnu eu bod yn cael siampên i frecwast i ddathlu! Mae'r stori honno, a lot mwy, yn nyddiadur y dafarn o'r cyfnod.

Mae peth o'r offer a ddefnyddiwyd gan dîm '53 mewn cwpwrdd gwydr ym Mhen-y-Gwryd hyd heddi', gan gynnwys ambell beth o gopa Everest ei hun. Yno mae'r rhaff oedd yn clymu Hilary a Tenzing at ei gilydd a chwpan tun roedden nhw'n yfed ohono. Yn ogystal â hynny, mae ambell enghraifft o'r hyn wnaethon nhw adael ar eu hôl yng Nghymru cyn mynd ar eu taith hanesyddol. Mae yna silindr ocsigen hefyd. 'Na chi symbol o beth alle fod wedi digwydd! Doedd yr ocsigen a ddefnyddiwyd ganddyn nhw ddim yn ocsigen saff iawn a dweud y gwir. Bu'n broblem ddifrifol i un o'r tîm, y Cymro Charles Evans. Llawfeddyg o Ddyffryn Clwyd oedd Charles

Evans a fe oedd dirprwy arweinydd y daith i gopa Everest yn 1953. 'Aeth Charles Evans a Tom Bourdillon am y copa ar Fai 27. Cyrhaeddon nhw Gopa'r De. Ond yn anffodus bu'n rhaid iddyn nhw droi 'nôl achos problem efo'r ocsigen. Roedd y ddau o fewn 300 troedfedd i gyrraedd y copa! Oni bai am yr anffawd hwnnw, dyna'r ddau enw fydden ni'n cofio heddiw fel concrwyr cynta Everest, nid Hilary a Tenzing, a lwyddodd i gyrraedd y copa ddeuddydd yn ddiweddarach!'

Ar ôl dod 'nôl o'r antur honno, buodd Charles Evans yn byw yng Nghapel Curig am beth amser. Ac, yn ôl y *locals*, doedd e byth yn cwyno nac yn flin iddo ddod mor agos at fod y dyn cynta ar ben mynydd ucha'r byd. Am flynyddoedd ar ôl 1953 a nes yn gymharol ddiweddar roedd Charles Evans a gweddill aelodau'r tîm yn trefnu aduniad ym Mhen-y-Gwryd. Yno, bydden nhw'n mwynhau cerdded ar gopaon Eryri a chofio 'nôl at y dyddiau pan oedden nhw'n aros yn y dafarn ac yn ymarfer ar lethrau mynyddoedd ucha Cymru er mwyn concro mynydd ucha'r byd.

Yr Wyddfa a'i chriw

Mae Everest, a gafodd ei enwi ar ôl Cymro gyda llaw, wyth gwaith yn uwch na'r Wyddfa medden nhw. Ond tra bod mynydd ucha'r byd wedi ei enwi ar ôl syrfeiwr o Grucywel, mae lot gwell stori wrth wraidd enwi mynydd ucha Cymru. Y dyn sy'n gysylltiedig â'r Wyddfa yw boi o'r enw Rhita Gawr, Brenin Cymru. Roedd e'n gawr oedd yn hoff o ladd brenhinoedd eraill. Pan glywodd fod dau o frenhinoedd Prydain, Nyniaw a Peibiaw, wedi cwympo mas, penderfynodd setlo'r ddadl ei hun drwy ladd y ddau. Wedyn, torrodd eu barfau i ffwrdd.

Fe wnaeth hyn wylltio brenhinoedd eraill Prydain – bron i 30 ohonyn nhw! A chyn hir, roedd Rhita Gawr wyneb yn wyneb â llond cae o frenhinoedd crac, pob un am ei waed. Ond, roedd yn fantais bod yn gawr mae'n siŵr achos ar ôl sbel fe laddodd e bob un o'r brenhinoedd eraill. Ac fe wnaeth yr un peth i'r rhain ag a wnaeth i'r ddau gynta laddodd ef, sef torri pob barf i ffwrdd. Roedd ganddo ddigon o flew wedyn i wneud clogyn hir i'w gadw'n gynnes.

Roedd un barf yn ishe o gasgliad Rhita, barf neb llai na'r Brenin Arthur ei hun. Doedd Arthur ddim yn rhy hapus bod Rhita wedi lladd y brenhinoedd eraill i gyd ac aeth ar ôl Rhita. Bu brwydr waedlyd rhwng y ddau ar ben yr Wyddfa ac, yn y diwedd, Arthur enillodd. Syrthiodd Rhita yn farw ar ben y mynydd ac fe orchmynnodd Arthur i'w ddynion roi cerrig dros y man lle syrthiodd y brenin a'i glogyn barfog. Dyna yw ystyr yr Wyddfa, sef man claddu neu fan gorffwys. Mae'n siŵr bod hwnnw'n well enw na Bedd Rhita.

Ar y trên bach i ben yr Wyddfa fawr

Felly, pan fyddwch chi'n mynd lan ar y trên i dop yr Wyddfa, cofiwch eich bod yn gyrru dros gorff brenin sy'n gorwedd yn dawel bach. Ond beth yw stori adeiladu'r trên?

Yn y dyddiau cyn bod trenau'n mynd lan yr Wyddfa, roedd un dyn yn gallu cerdded yr holl ffordd o'i gartre yn y Felinheli, rhwng Caernarfon a Bangor, i ben yr Wyddfa heb roi ei draed ar dir unrhyw un arall. Enw'r dyn hwnnw oedd George William Duff Assheton Smith, sgweiar Plas y Faenol ar lannau'r Fenai. Fan'na roedd Bryn Terfel yn cynnal ei gyngherddau enwog am rai blynyddoedd. Roedd y Faenol wedi bod yn nheulu Assheton Smith ers 1756 a nhw fuodd wrthi'n agor chwareli a datblygu'r diwydiant llechi yng ngogledd Cymru yn y ganrif cyn yr un ddiwetha. Yn 1869, agorwyd rheilffordd yr holl ffordd o Gaernarfon i Lanberis gan gwmni'r London and North Western Railway. Felly, roedd ffordd i deithio i droed yr Wyddfa bellach ar gael. Cadeirydd y cwmni trenau oedd dyn o'r enw Syr Richard Moon. Dwedodd ef ei fod am weld trên yn mynd yr holl ffordd o orsaf Euston yn Llundain reit i ben yr Wyddfa.

'Mae'n rhaid canmol gweledigaeth a dyfalbarhad pobol fel'na,' meddai Rol Williams, hanesydd sy'n byw yn ardal Llanberis. 'Roedd yn dipyn o dasg meddwl am adeiladu rheilffordd i ben yr Wyddfa. Mae'n bum milltir o Lanberis i'r copa, a byddai angen codi sawl pont gan gynnwys traphont dros afon Hwch. Agorwyd pedair gorsaf ar y daith ac mi gostiodd y cyfan dros £70,000. Prosiect aruthrol!'

Roedd rheilffordd fynydd debyg yn y Swisdir ac aeth grŵp o bobol o Lanberis i'r Swisdir er mwyn gweld y trên hwnnw ar waith. Penderfynwyd defnyddio'r un dull ar yr Wyddfa ag oedd yn cael ei ddefnyddio yn yr Alpau, sef bod y pinion o dan yr injan yn cysylltu â'r dannedd oedd ar y trac oddi tano. Cwmni o Lerpwl o'r enw Home and King gafodd y gwaith o adeiladu'r rheilffordd ac erbyn 6 Ebrill 1896 roedd yn barod.

'Enid oedd enw'r trên cynta i dynnu o'r platfform a'r ail drên oedd un o'r enw Ladas – sef llythrennau enw gwraig Sgweiar y Faenol, Laura Alice Duff Assheton Smith. I fyny ag Enid yn y niwl am y copa a Ladas ar ei hôl. Ladas oedd y cynta i fynd 'nôl lawr wedyn wrth gwrs, a funudau wedi iddi ddechrau ei thaith, aeth pethau o'i le. Collwyd y cysylltiad â'r trac ac aeth y trên ar ei ochr.

'Un o'r teithwyr oedd dyn lleol o'r enw Elis Richards, perchennog gwesty'r Padarn Villa yn Llanberis. Aeth o i banic llwyr a neidiodd o'r trên, taro yn erbyn y clogwyn gerllaw cyn cael ei daflu 'nôl at y trên eto. Roedd mewn cyflwr gwael iawn. Tynnwyd un o ddrysau'r trên i ffwrdd er mwyn gwneud *stretcher* i'w gario 'nôl lawr. Cymrodd y daith yna bedair awr iddyn nhw ac erbyn hynny roedd Elis mewn cyflwr dychrynllyd. Ymhen peth amser, bu farw.'

Dyna'r diwrnod cynta gwaetha posib i drên mor hanesyddol. Daeth yr awdurdodau lan o Lundain i weld beth oedd wedi digwydd. Penderfynwyd bod rhew ar y trac wedi toddi yn yr haul a'r trac wedi symud yn sgil hynny. Gorchmynnwyd cau'r lein am flwyddyn gyfan. Diolch byth, fe wnaeth ail agor ac mae'n dal i fod yn atyniad poblogaidd hyd heddi', gan ddenu dros 80,000 o deithwyr bob blwyddyn. Faint ohonyn nhw sy'n gwbod am ddigwyddiadau'r daith gynta honno tybed – a faint sy ishe gwbod?

Cyn gadael Llanberis, 'nôl yn 1896, fe adawodd un o'r gweithwyr ddarn o bennill ar ei ôl. Roedd wedi ei ysgrifennu i gofio bwrlwm y gwaith oedd ynghlwm ag adeiladu rheilffordd yr Wyddfa. Mae'n amlwg iddyn nhw fod yn fishi iawn!

> Pan orffennwyd line yr Wyddfa
> Aeth y nafis ar eu hynt.
> Aeth y moch dros afon Menai
> Aeth y malwod i Sir Fflint.
> Aeth y Gwyddel i Iwerddon
> Aeth y Sais i'w wlad ei hun.
> Ond gadawyd yn Llanberis
> Blentyn, do, i lawer un!

Capel a nenfwd

Na, nid yr un enwog Sistinaidd wnaeth Michelangelo ei baentio. Rydyn ni 'nôl yng Ngwesty Pen-y-Gwryd nawr. Mae'n dafarn anarferol iawn am fod capel yn rhan o'r adeilad. Sdim lot o'r rheini i'w cael! Mae'r capel yn cynnig cyfle i feddwl am y rhai a gollodd eu bywydau ar amrywiol lethrau Eryri. Dwi ddim yn credu bod Elis Richards yn un o'r enwau ar y plac yn y capel chwaith. Ond mae'r rhestr sy yno'n ddigon hir i'n hatgoffa y gall mynyddoedd fod yn fannau digon didrugaredd.

Wedyn, yn y dafarn, mae'r nenfwd yn un arbennig. Mae'n llawn llofnodion yr holl ddringwyr enwog sy wedi bod yno dros y blynyddoedd. Mae'n dipyn o restr! Ac mae ambell seleb wedi nodi ei enw hefyd.

Canolfan achub

Ond diolch byth, dyw'r rhestr yng nghapel Pen-y-Gwryd ddim yn un hir iawn gan fod gwasanaeth achub o'r safon ucha yn gweithio ar y copaon. Mae'r dafarn yn Ganolfan Achub ei hun, fel y gwelir ar y plac glas ger y drws ffrynt. Mae sawl stori am anturiaethau achub yn cychwyn oddi yno. Hynny yw, yn y dyddiau diweddar. Blynyddoedd yn ôl, hap a damwain oedd y busnes achub, fel mae Aled Taylor, warden Pen y Pass, yn esbonio.

'Yn aml, y bugeiliaid a'r chwarelwyr fyddai'n mynd allan i chwilio am rywun oedd ar goll. Pan oedd Chris Briggs yn cadw Gwesty Pen-y-Gwryd, roedd yn aml yn mynd allan ei hun i chwilio am bobol, neu'n mynd o gwmpas y stafell ginio yn gofyn i rai o'r gwesteion ei helpu. Mi fydden nhw'n gadael eu bwyd ar ei hanner ac yn mynd efo fo. 'Nôl wedyn yn socian, i gael peint!'

Yn y cyfnod mae Aled wedi bod wrth ei waith achub, dyw nifer y rhai sy'n cael eu lladd ar y mynyddoedd ddim wedi cynyddu. Ond, yn ddigon rhyfedd, bu eitha cynydd yn nifer y rhai sy wedi bod mewn rhyw ddamwain neu'i gilydd.

'Ar y cychwyn roedd tua 35 o ddamweiniau a rhyw saith yn cael eu lladd bob blwyddyn. Erbyn rwan, mae dros 200 o ddamweiniau ond mae nifer y rhai sy'n colli eu bywydau dal tua saith neu wyth. Y rheswm am hynny ydi nad oedd pobol am gael eu hachub yn y dyddiau a fu. Roedd mynd yn gaeth ar y mynydd yn rhywbeth oedd yn codi cryn embaras. Felly, byddai pobol yn cropian oddi ar y mynyddoedd ar eu pedwar os oedd angen er mwyn osgoi gorfod cael help. Mae'r gwrthwyneb yn llwyr yn wir heddiw a phawb tipyn yn fwy parod i alw am help, rhy barod weithiau. Os cawn ni alwad lle nad oes fawr ddim yn bod ar y rhai sy wedi ein galw, yna mae'r neges 'nôl i'r *base* ar y radio yn un clir. "Incident CDD ydi hon!" Hynny yw, incident Cic Dan Din!'

Mae'n braf gwbod bod pobol fel Aled a'i griw yno'n barod i helpu'r rhai sy'n mynd i drafferthion ar y mynyddoedd, ym mha bynnag ffordd sy ei angen – ac mae'n grêt gwbod eu bod nhw'n gallu gwneud hynny gyda chryn dipyn o synnwyr digrifwch hefyd, er gwaetha'r peryglon amlwg a difrifoldeb eu gwaith.

Siôn Blewyn Coch a James Bond

Rydyn ni wedi clywed straeon y dringwr Eric Jones yn barod. Wel, nid dringo yw ei unig dalent. Roedd e hefyd yn *stunt double* i Sean Connery. A daeth 007 arall i ardal Pen-y-Gwryd un tro, sef Pierce Brosnan, ond does dim gobaith bellach i Eric fod yn *double* iddo fe! Lai na milltir o'r dafarn cafodd rhai o olygfeydd y ffilm James Bond, *The World is Not Enough*, eu ffilmio – yng nghyffiniau gorsaf bŵer Cwm Dyli. Mae 'na biben hir iawn, iawn yn mynd o'r orsaf a'r biben hon oedd seren y rhan o'r pictiwr a ffilmiwyd yn yr ardal wrth i biben ddŵr yng ngogledd Cymru droi'n biben olew yn Rwsia!

Hon yw'r orsaf bŵer hydro-electrig hyna ym Mhrydain ac mae'n tynnu dŵr o'r Wyddfa er mwyn gwneud trydan. Y pŵer o'r orsaf hon wnaeth helpu Marconi i wneud ei ddarllediadau radio yn ystod yr Ail Ryfel Byd. Roedd milwyr yn gwarchod y lle y dyddiau hynny! Rhai go iawn, hynny yw, nid rhai o ffilm James Bond!

Un o weithwyr yr orsaf yn ystod y rhyfel oedd J. O. Williams sy'n enwog fel awdur *Llyfr Mawr y Plant*. Aeth e ddim i'r rhyfel gan fod ei waith yng Nghwm Dyli eisoes yn rhan bwysig iawn o ddiogelwch Prydain. Diolch byth a dweud y gwir achos petai e wedi mynd i ryfel falle na fyddai holl straeon *Llyfr Mawr y Plant* wedi dod yn fyw, a bydden ni wedi colli cymeriadau fel y cadno hoffus, Siôn Blewyn Coch, am byth.

Pws
wrth y bar
Pen-y-Gwryd

Roedd mynd i Westy Pen-y-Gwryd yn daith 'nôl mewn amser i fi. Pan o'n i'n gweithio ar y gyfres deledu *Rownd a Rownd* o'n i'n byw yn y Felinheli am bedair blynedd ar ddeg. Yn yr ardal hon wnes i ddechre cerdded mynyddoedd. Y tro cynta es i ar un o'r teithie 'ma, lan â fi i ben yr Wyddfa yn gwisgo daps! Dim ond unwaith wnes i hynny cofiwch! Trodd y teithie'n arferiad dwywaith yr wythnos wedyn am sbel. Dechreuodd y diddordeb cerdded mynyddoedd ar ôl darllen llyfr Heinrich Harrer, *Seven Years in Tibet*, ac fe ysbrydolodd fi i fynd i grwydro Eryri. Beth amser wedi hynny ces i'r fraint o wireddu breuddwyd a mynd i Tibet ei hun. Felly roedd ymweld â Phen-y-Gwryd yn dod â'r cyfan at ei gilydd, yr Wyddfa a Tibet.

Roedd e'n fy synnu i, wrth gerdded, cyn lleied o Gymry oedd yn mynd i'r ardal i fwynhau gogoniant Eryri. Wnes i alw cwpwl o weithie yn y dafarn yn ystod y cyfnod cerdded 'ma, ond doedd e ddim yn lle Cymreig iawn pryd hynny. Pleser oedd mynd 'nôl i ffilmio ar gyfer *Straeon Tafarn* a gweld bod y lle wedi newid yn llwyr o ran hynny a bod lot o gymeriade lleol wrth y bar.

Ond wrth roi'r llyfr 'ma at ei gilydd, ym mlwyddyn Jiwbilî y Cwîn, ma rhaid dweud ei fod e wedi mynd dan fy nghroen i mai Chris Bonnington gafodd fynd â'r fflam Olympaidd lan i ben yr Wyddfa. Beth am ein Eric Jones ni? Ma fe wedi gwneud lot mwy na Bonnington o ran dringo – a fuodd Eric yn hongian mas o falŵn uwchben Everest yn enw ffilmio! Ma gyda ni'n harwyr ein hunain, bois bach!

Roedd y dylanwad mynydda'n croesi'r stepen drws mewn i'r bar hefyd a phan fydde pethe'n dawel gyda'r nos bydden ni'n cynnal cystadlaethe dringo y tu fewn i'r dafarn! Dringo lan y simne oedd y ffefryn ac roedd cwrw'n rhan bwysig o wobr yr enillydd wrth gwrs.

2
Y Pic, Rhydaman

CLWB YW'R DAFARN 'ma, clwb cymdeithasol lle maen nhw'n dweud gewch chi'r peint rhata ym Mhrydain gyfan! Wel, 'na'r stori ta beth. Mae aelodaeth i'r clwb yn costio £3 y flwyddyn i ddynion a £1 i fenywod. Dyw e ddim yn syndod felly bod rhestr aros go hir gan y clwb. Lle mae e? Yn nhre dau ddeuawd enwog tu hwnt, Culhwch ac Olwen a'r Brodyr Gregory! Daeth Ysgrifennydd Gwladol cynta Cymru o'r fan hyn hefyd ond ddim cweit mor bell 'nôl â dyddiau Culhwch. Cross Inn oedd hen enw'r lle a phan gafodd e'r enw hwnnw, roedd yn bentre bach ar gyrion pentre mwy y Betws. Ond wrth iddo dyfu, am ryw reswm, doedd rhai o bobol y dre ddim yn lico'r syniad ei fod wedi ei enwi ar ôl tafarn, felly newidiwyd yr enw i Rydaman. Ar ochr yr hewl fawr, ar y ffordd mas o'r dre at yr M4, saif y dafarn hon yn urddasol iawn. Mae Clwb Cymdeithasol Rhydaman yn cael ei nabod fel y 'Pic' yn lleol – wedi ei fyrhau o'r enw 'The Pick and Shovel'. Ac, fel mae'r enw'n awgrymu, mae gwreiddiau'r clwb yn ddwfn yn hanes streiciau a therfysg.

Bysys, terfysg a thafarn

Doedd gweithwyr cwmni bysys James, Rhydaman, ddim yn bobol hapus yn haf 1935. Doedd yr amodau gweithio ddim yn eu plesio ac roedden nhw'n grac am nad oedd modd iddyn nhw ddod at ei gilydd, mewn undeb, i achwyn eu cwyn. Roedd perchennog y cwmni, Angus James, wedi gwrthod cydnabod eu hawl i fod yn rhan o undeb. Doedd y gweithwyr ddim yn rhy hapus gyda swllt a phedair ceiniog o gyflog am un shifft chwaith.

Erbyn un dydd Gwener ym mis Awst 1935, roedd y gweithwyr wedi cael digon. Aethon nhw ar streic ar yr ail o'r mis a phicedu'r orsaf fysys, gan ofyn i'r cyhoedd eu cefnogi drwy beidio â defnyddio bysys James. Ateb Mr James oedd trefnu i yrwyr eraill o tu fas i'r ardal, pymtheg ohonyn nhw i gyd, ddod i yrru'r bysys yn lle'r gweithwyr arferol. Wel, wrth gwrs, fe wnaeth hyn bethe'n waeth. Aeth pethe'n siop siafins pan dorrwyd yr arwydd uwchben yr orsaf fysys. Daeth yr heddlu a phenderfynu arestio un dyn, heb reswm amlwg dros ei ddewis ef yn hytrach nag unrhyw un arall oedd yno'n dangos eu gwrthwynebiad. Fe wnaeth hynny wylltio pobol yn fwy byth. Mae Russell Davies yn un o'r bobol leol sy'n gwbod y stori'n dda.

'Aeth pethe o ddrwg i waeth. Ymhen rhai dyddiau wedyn, cafodd tri o'r bysys eu trasio'n llwyr. Chwalwyd yr orsaf fysys hefyd a bu terfysg ar sgwâr Rhydaman – rhai'n dweud i 400 o bobol ymgasglu yno ac eraill yn dweud ei fod yn agosach i 1000! Yn sicr, roedd cannoedd yno ac fe gafodd rhagor eu harestio. Lledodd y streic wedyn i ardaloedd eraill, o Gastell-nedd i Ddinbych-y-pysgod.'

Heddi', mae'n anodd i ni ddechrau dychmygu effaith hynny mae'n siŵr, achos bod gan y rhan fwya o deuluoedd fwy nag un car. Ond pan ddaeth y bysys i stop, daeth bywyd i stop bron â bod. Doedd glowyr ddim yn gallu cyrraedd y gwaith ac, yn waeth na hynny, bu'n rhaid iddyn nhw ganslo sawl eisteddfod leol hyd yn oed!

Ond, 'nôl at y bois gafodd eu harestio a shwd wnaeth hynny arwain at agor tafarn. Wedi'r ffrwgwd fawr ar sgwâr y dre, cafodd enwau deunaw o ddynion eu rhoi i'r heddlu – unwaith eto heb reswm amlwg dros eu dewis nhw, a chafodd pob un ei arestio. Roedd rhywbeth ddechreuodd fel cwyn gan yrwyr bysys nawr yn lot mwy o beth ac yn effeithio ar gymuned gyfan.

'O'r deunaw hynny gafodd eu harestio, roedd un ar ddeg ohonyn nhw'n gomiwnyddion ac roedd chwech o'r deunaw wedi cael eu harestio yn ystod Streic Fawr y Gwaith Glo Caled yn 1925. Felly, roedd hen grachen yn cael ei chodi fan hyn yn sgil streic bysys 1935. Roedd hen elyniaethau yn dod 'nôl i'r amlwg eto. Un ar ddeg o'r gweithwyr a arestiwyd aeth i'r llys, chwech ohonyn nhw yn gomiwnyddion. Pan oedd y dynion yma yn sefyll eu prawf yng Nghaerfyrddin, roedd y rhai oedd wedi cael eu rhyddhau ar fechnïaeth yn dod 'nôl i'r dre i adrodd digwyddiadau'r dydd yn y cwrt i gynrychiolwyr yr undebau llafur ac i bawb arall. Roedden nhw'n cyfarfod yn y Cross Inn Hotel a dyna lle byddai'r bwletinau diweddara yn cael eu rhannu.'

Un prynhawn, aeth dau ddyn lan at y bar, Sammy Morris a Wil Castell-nedd. (Fe glywn ni fwy amdanyn nhw nes 'mlaen.) Wrth iddyn nhw ofyn am eu diodydd, roedd Angus James yn sefyll ar eu pwys a rhoddodd bryd o dafod digon plaen i'r ddau. Pan aethon nhw 'nôl at eu grŵp yn y dafarn a dweud beth oedd newydd ddigwydd wrth y bar, roedd pawb yn anfodlon iawn. Awgrymodd un, rheolwr siop y Co-op newydd yn y dre, y dylen nhw agor lle yfed eu hunain, rhywle y gallai'r gweithwyr drafod heb wynebu bygythiadau tebyg i rai Mr James.

Roedd adeilad yr hen Co-op yn dal yn wag ac fe wnaeth y gweithwyr gais i'w brynu. Aethon nhw ati i gasglu arian gan weithwyr rheilffordd a glowyr yn ogystal â gweithwyr bysys i'w wneud yn glwb gweithwyr go iawn. Fe lwyddon nhw i gael digon o arian i brynu'r adeilad ac i agor Clwb Gweithwyr yn yr hen Co-op. Agorodd y drysau am y tro cynta yn 1936 ac maen nhw ar agor fyth ers hynny – ar wahân i'r amser maen nhw fod ar gau wrth gwrs! Dyna i chi sut y daeth y lle yn fyw. Mae'n dipyn o stori a sdim rhyfedd iddi gael ei bedyddio'n Pick and Shovel!

Cythraul y canu!

Gan fod y clwb newydd nawr ar agor, roedd yn rhaid iddyn nhw ddod 'mlaen gyda'u cymdogion newydd wrth gwrs. Yn achos y Pic, pwy oedd reit ochr draw'r hewl ond Capel Methodistiaid Calfinaidd Bethany! Nawr, ni wedi sôn digon am y cysylltiad rhwng y capel a'r dafarn, ond does dim gwadu i'r berthynas honno chwerwi o bryd i'w gilydd mewn sawl man. Roedd Rhydaman yn un o'r mannau hynny.

Doedd pobol Bethany ddim yn hapus o gwbl â'r sŵn newydd oedd yn croesi'r hewl o'r Pic ac yn amharu ar eu cyfarfodydd. Bu cwyno brwd a chyson ynglŷn â hynny a'r diaconiaid yn gofyn yn daer i bwyllgor y clwb wneud rhywbeth ynglŷn â'r broblem. Mae'n werth cofio bod hyn cyn dyddiau'r meicroffonau a'r PA's ac ati sy gyda ni heddi'. Felly mae'n rhaid bod sŵn canu'r Pic yn eitha sbesial i greu cymaint o ben tost i'r capelwyr.

Ond doedd dim bai ar ganu'r capel chwaith mae'n amlwg. Ateb y Pic i'r cwyno sanctaidd oedd gwneud eu cwyn eu hunain. Wnaethon nhw ffỳs fawr bod canu'r capel yn amharu ar eu gweithgareddau nhw! Fel'na buodd hi am sbel, rhyw dingdong 'nôl a 'mlaen rhwng Bethany a'r Pic ond fe ostegodd y storm ar ôl ychydig diolch byth. Mae 'na sôn bod digon o fynd a dod rhwng y ddau le hefyd – ffyddloniaid y Pic yn mynd i'r capel trwy'r drws ffrynt a ffyddloniaid Bethany yn mynd i'r Pic trwy'r drws cefn! Ond does dim sicrwydd a yw'r stori hon yn wir neu beidio! Nag oes e jyst!

Mynydd y Gwair a'r pelydrau marwol

Bant â ni o fyd politics nawr ac i fyd cyffrous a dirgel lasers a'r Natsïaid. Mae Mynydd y Gwair yn codi'n uchel un ochr i Rydaman, drws nesa i Fynydd Betws. Mae'r daith mas o Rydaman dros y mynyddoedd hyn tuag at Abertawe yn odidog a gallwch weld am filltiroedd i sawl cyfeiriad. Os ewch chi heibio i hen safle Penlle'r Castell, lle roedd caer un o arglwyddi'r gororau rhyw wyth can mlynedd yn ôl, a heibio i olion y wal Rufeinig, fe ddewch cyn hir at hen fýngalo digon diolwg a llwyth o adeiladau bach eraill o'i gwmpas. Mae'n anodd credu bod gan y Natsïaid ddiddordeb yn ystod yr Ail Ryfel Byd yn yr hyn oedd yn mynd 'mlaen mewn tŷ anghysbell o'r enw Tor Clawdd.

'Death Ray' Matthews oedd enw'r dyn oedd yn byw yn y tŷ, neu dyna ei ffugenw o leia. Harry Grindell Matthews oedd yr enw roiodd ei fam iddo. Yn ystod y Rhyfel Byd Cynta, fe enillodd gytundeb i ddyfeisio ffordd i saethu Zeppelins o'r awyr a chael arian mawr i wneud y gwaith – £25,000. Ond ar ôl rhoi ffortiwn fach iddo, wnaeth y llywodraeth ddim defnyddio'r hyn ddyfeisiodd e!

Roedd e wedi dyfeisio lot o bethe eitha cyffrous ac roedd arbrofi gyda ffyrdd o drosglwyddo negeseuon heb wifrau yn obsesiwn ganddo. Fe oedd yn gyfrifol am drosglwyddo'r neges gynta o'r fath i'r wasg er enghraifft. Yn y byd, hynny yw. Wedi iddo osod yr holl offer roedd e wedi eu dyfeisio yn y mannau cywir, anfonodd neges o ben Gwesty'r Westgate yng Nghasnewydd i swyddfa'r *Western Mail* yng Nghaerdydd a chyhoeddwyd y neges yn y papur ar 27 Chwefror 1912. Fe wnaeth e lot o waith ar drio cael sain a lluniau i recordio ar yr un camera, ond cafodd yr holl beth ei wrthod gan y diwydiant ffilm achos nad oedden nhw'n credu y byddai'n gweithio nac yn llwyddo. Fe oedd yn iawn yn y diwedd, wrth gwrs, a chafodd wahoddiad yn 1929 i weithio i Warner Brothers yn Efrog Newydd wrth i'r diwydiant *talkies* gymryd lle'r ffilmiau mud.

Symudodd i fyw i Fynydd y Gwair yn 1934 a buodd yn aros gyda ffermwr lleol tra oedd ei dŷ yn cael ei adeiladu. Roedd e'n dipyn o gymeriad yn yr ardal ac yn ddigon clou aeth y stori ar led fod yna ddyn rhyfedd oedd yn gallu gwneud pethe mwy rhyfedd byth yn byw ar ben y mynydd. Cododd ffens drydan o gwmpas ei gartre ac roedd sŵn a golau annealladwy o bob math i'w gweld o'r tŷ. Daeth arbrofion y dyfeisiwr hwn yn rhan o chwedloniaeth leol a chyn hir roedd y si ar led o Glydach i Rydaman bod 'Death Ray' Matthews wedi gwneud peiriant i reoli'r tywydd a rhwystro daeargrynfeydd ac un arall i wella afiechydon angheuol!

Pan ddaeth yr Ail Ryfel Byd, roedd galw mawr am un peiriant wnaeth e'i ddyfeisio, yr un y rhoddodd yr enw 'Death Ray' iddo fe. Roedd modd anelu'r peiriant hwn at gar neu feic a gallai stopio injans o bellter. Roedd defnydd posib y fath declyn yn amlwg mewn cyfnod o ryfel. Mae sôn bod 'Death Ray' wedi cael sgwrs fach dros beint ynglŷn â hyn yn nhafarn y Masons, Craig Cefn Parc, gyda neb llai na Winston Churchill ei hun.

Cysylltodd y Natsïaid ag e hefyd. Roedd dyn o'r enw Mr Goebbels ishe gwbod mwy am beiriant a ddyfeisiwyd gan Matthews oedd yn gallu trosglwyddo delweddau i'r awyr. Roedd e am ei ddefnyddio i ddangos lluniau o Hitler yn yr awyr dros yr Almaen. Ond gwrthododd 'Death Ray' drafod gyda Goebbels a does dim sôn i'r ddau rannu peint o gwbl yn unman!

Dyn o flaen ei amser oedd e mae'n amlwg. Er, roedd digon yn amau ei waith ac yn amheus ohono fel person. Bu farw tra oedd yn byw yn Nhor Clawdd, ac yntau ar y pryd yn bumed gŵr cantores opera hynod o gyfoethog o Wlad Pwyl! Cafodd ei lwch ei wasgaru ar Fynydd y Gwair.

Sammy, Wil Castell-nedd a John

Wnaethon ni sôn am Sammy Morris a Wil Castell-nedd wrth adrodd stori agor y Pic. Blwyddyn ar ôl agoriad y clwb, roedd y ddau hyn yn gadael Rhydaman er mwyn mynd i ymladd mewn gwlad dramor. O'r diwrnod cynta, roedd y Pic yn fwy na lle i yfed. Mae 'na stafell yno o hyd o'r enw'r *Blue Room* – achos lliw y paent nid y politics! – lle roedd dosbarthiadau a chyfarfodydd cyson yn cael eu cynnal i ddysgu am gomiwnyddiaeth a sosialaeth ac i drafod straeon mawr y dydd. Felly, pan ddaeth y newyddion bod yna drwbwl yn dechrau yn Sbaen wrth i'r

Comrade Sam Morris.
Died July, 1937, fighting with the
International Brigade in Spain.

Comrade John Williams.
Died July, 1937, fighting with the
International Brigade in Spain.

bobol wrthwynebu'r unben Franco, doedd e ddim yn syndod i fois y Pic o gwbl. Roedden nhw wedi cadw mewn cysylltiad â'r hyn oedd yn digwydd yn y 30au yn yr Almaen, yr Eidal, Sbaen a phob gwlad arall lle roedd y gweithwyr yn anfodlon ac yn wynebu'r hyn roedden nhw'n ei ystyried yn ormes.

I rai o fois y Pic doedd dim amdani ond mynd mas i Sbaen i ymladd dros yr achos gyda llu o bobol o sawl gwlad arall oedd yn gwneud yr un peth. Aeth pedwar mas 'na o Rydaman ac roedd Sammy Morris yn wncwl i'r cyn löwr, Dai Morris, wnaeth adrodd y stori yn y Pic.

'Roedd fy wncwl yn gomiwnydd cryf, fe a'i bartner Wil John Davies. Sgrifennodd Wil lythyr at Sammy yn gofyn beth oedd e'n meddwl o'r sefyllfa yn Sbaen. Ar ôl rhagor o drafod, fe gytunodd y ddou i fynd mas. Dal trên i Lundain, o fan'na i Paris, wedyn i Barcelona a draw i *barracks* yr *International Brigade* yn Albacete. Wrth gwrs, doedd fy nheulu i ddim yn gwbod bod Sammy wedi mynd mas 'na nes iddyn nhw dderbyn llythyr ganddo fe o Dover tra oedd e'n aros i groesi i Ffrainc. Roedd mam Sammy yn wraig weddw ar y pryd, felly roedd hi'n gweld ishe fe'n fawr.'

Cafodd Sammy Morris fwled yn ei goes yn eitha buan ar ôl cyrraedd a buodd yn yr ysbyty am gyfnod. Aeth draw i Brunete, ger Madrid, a bu'n ymladd yno yn un o frwydrau amlwg Rhyfel Sbaen. Cafodd Sammy Morris ei ladd ynghyd â ffrind iddo o Rydaman, John Williams; bu'r ddau farw o fewn deuddydd i'w gilydd. Mae llun John a Sammy yn y Pic hyd heddi' i gofio aberth y ddau mas yn Sbaen.

Magi, Magi, Magi – mas! mas! mas!

Does dim modd osgoi streicio a therfysg yn y Pic – diolch byth nad ydyn ni'n sôn am bob nos Sadwrn. Sbel ar ôl streic y bysys a safiad pobol fel Sammy a John, roedd y Pic hefyd reit yng nghanol Streic y Glowyr 1984/85. Streic oedd hon i brotestio yn erbyn y bwriad i gau lot fawr o byllau glo. Un sy'n gyfarwydd â'r Pic ac oedd mas ar streic yn '84 yw Mike Reynolds.

'O'n i'n gweithio yng ngwaith glo Betws, pwll oedd gyda'r gorau ym Mhrydain o ran cynhyrchu glo a gwneud arian. Ond doedd pwll Cynheidre ddim yn bell oddi wrthon ni ac roedd hwnnw'n colli arian, fel roedd Abernant oedd ar ein pwys ni hefyd. Pan aeth y pwll cynta ar streic, yn Cortonwood, Swydd Efrog, fe gafon ni gyfarfod i weld shwd o'n ni'n mynd i ymateb. Streico oedd y penderfyniad, gan i'r swyddogion undeb yn Betws ddeall bod Abernant a Chynheidre o dan yr un bygythiad i gau â Cortonwood. Ond pleidleisiodd y ddau bwll oedd dan fygythiad yn erbyn streicio ar y dechrau!'

Ond ar ôl peth amser roedd y pyllau i gyd mas ar streic fel un, yn cytuno â'r achos er nad oedd pob un yn siŵr am yr angen i streicio dros yr achos hwnnw. Wrth i'r streic fynd yn ei blaen, roedd teuluoedd y streicwyr yn wynebu cyfnod hir iawn heb dâl ac roedd yn rhaid meddwl am ffyrdd o godi arian i dalu biliau a chael bwyd. Ac roedd un ffactor newydd amlwg yn y streic hon na welwyd mewn streiciau o'r blaen, yn Rhydaman nac yn unman arall.

'Daeth y menywod yn weithgar iawn yn ystod y streic. Yn Cynheidre, er enghraifft, fe dorrodd grŵp o fenywod mewn i'r pwll er mwyn trio stopio'r glowyr rhag gweithio – doedd neb wedi gweld dim byd tebyg o'r blaen! Ac ar ben hyn ro'n nhw mas ar y llinellau piced ac yn trefnu'r ceginau *soup* oedd yn rhoi un pryd twym y dydd i'r glowyr ar streic. Ar ôl cael eu pryd, roedd parseli bwyd ar gael hefyd i'r glowyr, yn cynnwys y pethe mwy elfennol oedd ishe ar deulu i fyw. Roedd gweithredu'r menywod yn anhygoel a gweud y gwir. Tra oedd hyn yn digwydd roedd y dynion yn gwneud lot o jobs ar y slei i gael arian, neu yn trafaelu o gwmpas Cymru a Lloegr yn codi arian i'w cyd-streicwyr.'

Byddai'r Pic wedi bod yn ferw gwyllt o weithgaredd am y flwyddyn y parhaodd y streic ac, mae'n siŵr, yn fan lle byddai lot o lowyr yn mynd i drio delio gyda bod mas o waith am gyfnod mor hir trwy gael rhyw funud bach tawel neu gyfle i dynnu coes gyda'r glowyr eraill.

Jim

Yn sicr, byddai un o feibion enwoca'r dre wedi bod yn sefyll yno gyda nhw petai e'n fyw ar y pryd. Jim Griffiths oedd Ysgrifennydd Gwladol cynta Cymru pan gafodd y swydd ei chreu yn 1964. Crwt o ardal Rhydaman oedd e a gadawodd yr ysgol yn 14 oed i fynd i'r gwaith glo a dod yn swyddog undeb yn ddigon clou. 'Nôl yn nyddiau cynnar rhaglenni teledu Cymraeg – pan oedd teledu yn rhedeg ar nwy! – fe wnaeth e sgwrs yn sôn am y diwrnod cynta hwnnw dan ddaear. Mae tinc digon hiraethus a thyner yn ei lais wrth i Jim Griffiths, yr hen ddyn, gofio 'nôl at ddyddiau Jim Griffiths y bachgen ifanc.

'Wi'n cofio'r diwrnod fel 'ta fe'n ddoe, mynd yng ngofal Sioni 'mrawd ar y ffordd i Gwaith Isha. Codi'r lamp, lawr yn y *spake* a 'mlaen at y ffas am y tro cynta erioed yn y wythïen fach. Ie wir, dw i'n cofio hwnnw'n dda.'

'Teimlo'n dipyn o arwr oeddech chi?'

'O'n, a tipyn o ramant hefyd yr adeg 'ny. Roedd fy mhartners i gyd, ro'n nhw bron i gyd wedi mynd i'r gwaith glo a ro'n i'n eu dilyn nhw chi'n gweld. O'n nhw'n ddynion mawr nawr, trowsus hir, a finne yn ymuno â nhw!'

'Doedd gormes y cyfalafwyr a'r perchnogion ddim yn eich blino chi, oedd e?'

'Ddim y bore hwnnw. Fe ddaeth hwnnw yn ei bryd ond ddim y bore hwnnw, naddo.'

Pws wrth y bar
Y Pic

Roedd mynd i'r Pic yn mynd â fi 'nôl lot yn bellach mewn amser, i'r dyddie pan wnes i fradychu fy mhentre genedigol, Treforys, a mynd 'north' i chware rygbi – gyda Chwm-gors. Ac un gwahaniaeth amlwg – Treforys dalodd fi i adael nhw! O'n i yn yr un tîm a Huw Llywelyn Davies a Gethin, brawd Gareth Edwards. A phan o'n i'n chware yn erbyn y gelynion penna, Amman United, yr unigryw Dafydd Hywel oedd eu bachwr nhw. Amser da dros ben. Felly, roedd e'n neis mynd 'nôl a chlywed yr hen acen a ffordd o siarad y bobol leol yn Nyffryn Aman.

31

Wrth i fi gerdded mewn am y tro cynta, roedd rhai o'r bois lleol yn ishte gyda'i gilydd ac es i i ishte gyda nhw. Trodd un ata i a chwyno'n syth bod pris aelodaeth y clwb wedi dwblu mewn blwyddyn. Doedd e ddim yn foi hapus o gwbl. 'Faint yw e nawr 'te?' gofynnais yn y diwedd. 'Ma fe'n *three pounds* nawr achan! *Three pounds!*' Roedd cwrw'r Pic yn tsiêp hefyd a wnaethon nhw joio'r canu mas draw.

Ond, er y cysylltiade, o'n i ddim yn gwbod dim am stori agor y Pic yn y lle cynta. Roedd clywed am streicie a chomiwnyddion ac ati yn agoriad llygad llwyr i fi. Grêt o stori. 'Na beth oedd yn neis am y gyfres 'ma i gyd a gweud y gwir, sef mynd i'r dafarn a chael sgwrs gyda phobol a deall cymaint am y tro cynta am fannau oedd mor gyfarwydd i fi cynt. Falle fod y stori am y streic fysys yn perthyn i'r 1930au, ond chi'n cael y teimlad bod y ffyddloniaid sy'n mynd 'na heddi' yn dal i werthfawrogi pam agorwyd dryse'r clwb am y tro cynta.

Gweithio yn y gwaith dur oedd Dad, fel y rhan fwya o bobol yn ein cymdogaeth ni. Wrth ishte yn y Pic, hawdd oedd gweld yr un fath o bobol yn ishte o 'nghwmpas i, yr un teip. Pobol fydde'n edrych ar ôl ei gilydd, traed ar y ddaear, ac yn bell o fod yn dwp er gwaetha'r diffyg cyfleoedd addysg. Dad oedd yn mynd â fi a Mam lan i Fynydd y Gwair hefyd am sbin a phicnic yn y Morris Minor, NHO 649. Roedd e wrth ei fodd yn tynnu 'nghoes i mai lasers 'Death Ray' oedd wedi stopio'r car pan mai fe ei hunan oedd wedi ei stopio fe mewn gwirionedd. Ma 'Death Ray' wedi bod yn fyw yn fy meddwl ers o'n i tua saith oed.

Yr argraff fwya wnaeth y Pic arna i oedd ymroddiad ac aberth gweithwyr mewn sawl cenhedlaeth, o streic y bysys i'r brwydro mas yn Sbaen a streic y glowyr yn 1984.

3

Y Ship, Abergwaun

MAE'R DAFARN HON yn y man lle byddwch chi'n gadael Cymru ar y fferi i fynd i'r Iwerddon o'r de. Dyma lle roedd llong fydenwog y *Lusitania* yn galw ar ei theithiau rheolaidd i Efrog Newydd cyn dyddiau'r Rhyfel Byd Cynta. Suddo'r llong honno, gan *U-boats* yr Almaenwyr oddi ar arfordir Iwerddon, oedd un o'r rhesymau pam ddaeth yr Americanwyr yn rhan o'r Rhyfel Byd Cynta. Gallai'r gornel hon o Gymru fod wedi cael ei cholli i'r Ffrancwyr ar un adeg, gan i filwyr o'r wlad honno ymosod ar arfordir Cymru yn y fan hon. Ond, fe wnaeth y bobol leol gadw'r milwyr estron mas ac, yn ôl y stori, menyw go arbennig o'r enw Jemima Nicholas oedd yn arwain y gwrthryfel. Mae sawl byddin o actorion wedi bod yma hefyd i ffilmio o leia ddwy ffilm, ac roedd neb llai na Richard Burton ac Elizabeth Taylor yn serennu yn un o'r ffilmiau – er, yn ôl y sôn, doedd y ddau ddim yma yr un pryd achos eu bod nhw wedi cwmpo mas! Ond yr hyn sy wedi rhoi ei chymeriad i'r dafarn hon yw'r cysylltiad hir a chyfoethog rhyngddi a bywyd y môr dros y canrifoedd. Allai'r enw ddim bod yn well, a dweud y gwir, na'r Ship.

Plant, plismyn a photeli

'Nôl yn y dyddiau pan oedd tafarnau'n gorfod cau am gyfnodau hir yn ystod y dydd ac yn sicr ar ddydd Sul, roedd gan dafarnwr y Ship gynllun arbennig i ddod dros y broblem fach honno. Bob bore Sul, byddai rhai o blant yr ardal yn gadael poteli gwag ar stepen drws y dafarn. Wedyn byddai'r landlord yn eu llenwi a'u rhoi 'nôl ar y stepen drws er mwyn i'r plant gael eu casglu nes 'mlaen. Byddai tadau hapus iawn wedyn yng Nghwm Abergwaun, er bod y dafarn ar gau.

Ond, daeth stop ar yr arfer pan benderfynodd dau blisman guddio ar bwys y capel, ochr draw yr hewl i'r Ship, er mwyn cadw llygad ar y plant. Pan welon nhw beth oedd yn digwydd, draw â nhw i'r dafarn yn syth i siarad gyda pherchennog y Ship. A'r canlyniad? Dyn y Ship yn mynd o flaen ei well ac yn cael dirwy o £2 a gorchymyn i dalu chwe swllt a chwe cheiniog o gostau. A dyna ddiwedd ar bennod *moonshine* Abergwaun!

Jemima a mil a hanner o filwyr

Os gofynnwch i unrhyw blentyn ysgol yn Lloegr, a lot yng Nghymru hefyd, pryd wnaeth milwyr tramor lanio ar dir mawr Prydain ddiwetha, yr ateb gewch chi yw '1066 and all that'. Brwydr Hastings a Harold yn cael poen ofnadw' yn un o'i lygaid. Mae'r ateb 'na yn hanner iawn yn yr ystyr mai o Ffrainc ddaeth yr ymosodiad. Ond mae rhyw saith can mlynedd mas ohoni 'da'r dyddiad! Ar dir Cymru y rhoddodd milwyr estron eu traed ddiwetha a milwyr Ffrainc oedd rheini yn 1797.

Digwyddodd y cyfan saethiad pêl canon o'r Ship pan cafodd pedair llong eu gweld yn y môr oddi ar Garreg Wastad, Pen Câl. Ar y llongau hyn roedd 600 o filwyr rheolaidd Ffrainc nad oedd Napoleon eu hangen i ymosod ar yr Eidal. Yn ychwanegol i'r rhain, roedd 800 o filwyr amrywiol. Roedd rhai'n weriniaethwyr, rhai'n garcharorion a rhai wedi trio ffoi o'r fyddin. Roedd nifer

Y Ship, Abergwaun

o'r swyddogion yn dod o'r Iwerddon ac roedd hen ddigon o arfau gyda nhw.

Cafodd pobol Abergwaun rywfaint o rybudd bod y llongau ar eu ffordd gan i rywun o Dyddewi anfon neges draw i Abergwaun i ddweud bod llongau'n hwylio i'w cyfeiriad nhw. Mae'r bobol leol yn gwbod y stori'n dda iawn hyd yn oed heddi' ac fe wnaeth un ohonyn nhw, Hedydd Hughes, rannu rhagor o fanylion yn y Ship.

'Wedd ffarmwr yn Nhyddewi wedi gweld y llonge ac anfonodd e air bod dwy ffriget, corvette a slŵp ar eu ffordd, y tywydd garw wedi eu chwythu nhw at y tir mawr yn Sir Benfro am wn i. Wedd y ffarmwr yn deall digon i wbod mai nid llonge Prydeinig wen nhw, er eu bod nhw'n hwylio o dan Jac yr Undeb. O Ffrainc wen nhw'n dod, yn awyddus i rannu'r newyddion am eu rhyddid newydd ar ôl y chwyldro gartre mae'n siŵr.'

Pan ddaeth y newyddion, ymateb y bobol leol oedd panig llwyr! Roedd pawb ar draws ei gilydd a dim siâp ar unrhyw wrthwynebiad. Doedd neb yn credu bod Ffrancod ar fin ymosod arnyn nhw. Diolch byth, erbyn i'r Ffrancod lanio a dechrau cerdded ar hyd tir Sir Benfro, roedd y trigolion wedi dechrau dod at ei gilydd ac yn gallu cynnig rhyw fath o wrthwynebiad i'r gelyn.

'Wedd lot fawr o fenywod ymhlith y dorf wedd wedi gwasgaru ar hyd yr arfordir. Ac yn ôl y sôn, pan welodd y Ffrancod nhw'n sefyll ar y clogwyni, yn gwisgo peishie neu glogynne cochion, wen nhw'n meddwl mai milwyr wen nhw, yno'n aros i ymladd yn eu herbyn.'

Fe wnaeth un o'r menywod hyn gryn dipyn o enw iddi hi ei hunan. Jemima Nicholas oedd hi ac mae ei stori'n chwedl gref iawn yn lleol, un sy wedi cael ei phasio o genhedlaeth i genhedlaeth. Er hynny, does dim lot rydyn ni'n gwbod amdani, ond mae'r argraff wnaeth hi adael ar y Ffrancod yn ddigon pendant!

'Wedd Jemima yn dipyn o gymeriad. Pan ddaeth y Ffrancod, wedd hi'n fenyw 45 oed yn byw yn y Stryd Fawr, Abergweun, lle wedd hi'n gweithio fel crydd. Roedd lot yn ei galw'n Jemima

Fawr oherwydd ei maint. Pan glywodd am y Ffrancod yn glanio, fe gasglodd rai o fenywod yr ardal ynghyd a martsho draw at y milwyr â fforch wair yn ei llaw! Mewn cae ger Llanwnda, llwyddodd i gipio 12 o filwyr Ffrengig a'u llusgo 'nôl i Abergweun. Aeth hi 'nôl mas wedyn a cipio dau arall! Yn ôl y sôn wedd Jemima a'i chriw ishe crogi'r 14 ohonyn nhw yn y fan a'r lle, ond 'naeth hynny ddim digwydd! Cafodd Jemima ei hanrhydeddu am ei gorchestion a chafodd bensiwn am weddill ei bywyd.'

Roedd hynny'n beth handi iawn, gan iddi fyw am 35 mlynedd ar ôl brwydr Abergwaun. Dyna'r tro diwetha i filwyr estron droedio unrhyw ran o dir mawr Prydain. Peidiwch â gwrando ar y fersiwn Brydeinig sy'n mynd 'nôl i Hastings. Er, rhaid dweud, mae pobol Abergwaun wedi bod yn gweithio'n galed dros y blynyddoedd diwetha i ledu eu stori nhw. I gofio 200 mlynedd ers y frwydr, fe wnaeth y bobol leol dapestri anferth, fel yr un yn Bayeux. Gallwch ei weld yn Neuadd y Dre. A falle fod neges pobol yr ardal wedi cyrraedd y mannau iawn. Maen nhw'n dechrau dweud '... last successful invasion...' wrth sôn am Hastings nawr! Da iawn Jemima!

Blas yr halen yn y Ship

Mae dylanwad y môr yn amlwg iawn yn y ffordd mae'r Ship wedi ei haddurno tu mewn. Byddai'n cymryd cryn dipyn o amser i edrych ar bopeth sy naill ai'n hongian ar waliau'r dafarn, yn eistedd ar silffoedd amrywiol fan hyn a fan draw neu'n addurno'r bar. Fe welwch olwyn lywio ambell long, siartiau morwrol, siartiau o bysgod, lluniau du a gwyn sy'n llawn awyrgylch a theimlad, rhai o gymeriadau lleol a rhai o olygfeydd dramatig yr ardal. Mae 'na ambell long mewn potel, ambell faromedr, lampau a cherfluniau pren allai fod o unrhyw un o'r lleng o gapteiniaid llong sy wedi galw am beint yn y Ship dros y blynyddoedd. Mae'r cyfan gyda'i gilydd yn creu naws arbennig ac un hollol naturiol sy ddim wedi dod oddi ar feddalwedd graffeg rhyw gynllunydd tafarnau thema. Fel hyn mae'r Ship wedi tyfu, trwy'r bobol sy wedi dod mewn a mas drwy'r drws ers degawdau lawer.

Ond beth oedd yn cadw'r harbwr 'ma mor fishi? Diolch byth, roedd Martin Lewis yn gwbod ac yn barod i ddod draw i'r Ship i ddweud y stori.

'Roedd pob math o ddiwydiannau amrywiol yn yr ardal yn defnyddio'r harbwr. Roedd cotwm a gwlân yn gynnyrch lleol oedd yn cael eu hallforio. Ond dewch i ni sôn am yr un mwya amlwg, y diwydiant pysgota. Pysgota am y sgadan oedd fwya llewyrchus 'ma am flynyddoedd, tua dechrau'r bedwaredd ganrif ar bymtheg. Roedd y pysgod 'ma yn cael eu dal, a bydden nhw'n dod â nhw 'nôl i'r lan i gael eu prosesu cyn eu hallforio. Daeth newid go fawr ar y ffordd 'ma o weithio pan ddaeth dyn o'r enw Samuel Fenton i ymwneud â'r busnes. Roedd e'n foi gweddol gyfoethog a digwydd bod yn gyfarwydd â mynd i'r Eidal. Tra oedd e mas 'na, fe ddysgodd am fygu'r sgadan. Dechreuodd wneud hynny wedyn 'nôl yn Abergwaun a hynny'n cael effaith arbennig o dda ar fusnes sgadan yr ardal.'

Buodd Samuel Fenton farw'n ddyn cyfoethog iawn ond roedd yn ddi-briod. Aeth ei gyfoeth i gyd felly i'w nai, Richard Fenton. Rhoddodd e gynnig digon derbyniol ar gadw'r busnes i fynd ond, cyn hir, er gwaetha'i ymdrechion, bu'n rhaid i'r busnes ddod i ben. Ond, chwarae teg, roedd Richard Fenton

37

yn ddyn busnes cyfoethog â chydwybod. Cododd blasdy mawr o'r enw Glyn y Mêl ac fe wnaeth yn siŵr ei fod yn rhoi gwaith i gymaint o gyn weithwyr y busnes sgadan ag y gallai am nad oedd am eu gweld yn diodde o ganlyniad i golli eu gwaith.

Mae Richard Fenton yn adnabyddus heddi' am sgrifennu hanes ei deithiau o gwmpas Sir Benfro. Cyhoeddodd y straeon yn ei gyfrol, *A Historical Tour Through Pembrokeshire*. Nid y teitl mwya ysbrydoledig yn y byd, ond mae'n gwneud yn union beth ma fe'n dweud ar y tun!

Y *Saint Patrick* ac Elizabeth May

Fel gallech chi ddisgwyl mewn cymuned sy wedi dibynnu cymaint ar y môr, bu hynny o fantais iddi, ond gwelodd hefyd yn glir pa mor greulon mae'r môr yn gallu bod. Mae'n siŵr mai un o ddiwrnodau mwya tywyll yr holl ardal oedd 13 Mehefin 1941 ond roedd hefyd yn ddiwrnod pan ddaeth un arall o fenywod yr ardal yn dipyn o arwres.

Er bod yr Ail Ryfel Byd wedi hen ddechrau, roedd y gwasanaeth fferi rhwng Abergwaun a Rosslare yn dal i redeg. Roedd y *Saint Patrick* ar ei ffordd 'nôl o Iwerddon i Gymru pan gafodd ei tharo gan fomiau wedi eu gollwng gan rai o awyrennau'r Luftwaffe tua deuddeg milltir o dir Cymru. Roedd rhai o'r un awyrennau wedi saethu at y *Saint Patrick* flwyddyn ynghynt, felly roedd yn amlwg yn darged i'r Almaenwyr, er does neb yn siŵr pam chwaith. Ar y noson honno yn 1941, llwyddodd yr ymosodiad o safbwynt yr Almaenwyr wrth i'r bom daro'r tanciau olew a ffrwydro'n syth. Suddodd y llong ymhen ychydig dros bum munud wedi iddi gael ei tharo. Lladdwyd 30 o'r teithwyr oedd ar y llong, yn eu plith y capten Jim Farraday a'i fab Jack oedd yn ugain oed. Yn hwyrach yn ystod y rhyfel, lladdwyd dau o frodyr Jack gan yr Almaenwyr hefyd; roedd un ohonyn nhw wedi gofyn am gael ei drosglwyddo o'r fyddin i'r RAF er mwyn gallu dial ar y Luftwaffe am yr hyn wnaethon nhw i'w frawd ar y *Saint Patrick*. Mae'r ffaith na chafodd mwy na hynny eu lladd yn ganlyniad uniongyrchol i ddewrder lot o'r teithwyr eraill a lwyddodd i achub cryn nifer o'r môr garw.

Y Ship, Abergwaun

Un o'r rhain, a'r un wnaeth ddangos y dewrder mwya, oedd Elizabeth May Owen. Roedd hi'n stiwardes ar y llong. Aeth lawr i waelodion y llong gan ei bod yn gwbod bod chwech o bobol yn gaeth yno. Aeth â phob un, un ar y tro, i fyny i'r dec ucha lle cafon nhw eu cludo i fan diogel. Wedi iddi roi'r ola o'r chwech yno, clywodd lais yn galw o'r gwaelodion. Aeth 'nôl lawr am y seithfed tro a thynnu'r person hwnnw allan hefyd. Erbyn hynny, roedd y *Saint Patrick* yn suddo'n gyflym a doedd fawr ddim o'r dec ucha iddyn nhw sefyll arno. Un ateb oedd: neidiodd May i'r môr gan gydio yn y person roedd newydd ei achub. Llwyddodd i ddal gafael arno, ac i gadw pen yr un a achubwyd ganddi uwchben y dŵr am ddwy awr cyn i fad achub gyrraedd. Am ei dewrder anhygoel, cafodd May Owen ddwy fedal gan gynnwys y George Medal gan y Brenin. Odi, mae'r môr yn gallu bod yn greulon, ond mae stori May Owen yn cynnig gobaith hefyd.

Dewi Emrys a Phwllderi

Wel, 'ma chi dipyn o dderyn nawr 'te! Dewi Emrys. Mae'n swnio'n ddigon parchus ac fe oedd e am gyfnodau hir o'i fywyd. Ond cafodd fywyd lliwgar tu hwnt a sawl tro trwstan eitha sylweddol hefyd. Roedd yn newyddiadurwr, yn fardd ac yn weinidog amlwg ond ar un cyfnod roedd yn cardota ar strydoedd Llundain a'i gap yn ei law!

Pan oedd Dewi Emrys, neu David Emrys James i roi ei enw iawn, yn saith oed daeth ei dad i fod yn weinidog yng Nghapel Rhos y Caerau. Buodd Dewi a'i deulu yn byw ger Pen y Strwmbwl am 15 mlynedd wedi hynny, talp go sylweddol o'i fywyd cynnar. Roedd yn ddyn talentog iawn ac enillodd y goron yn Eisteddfod Abertawe yn 1926 a phedair cadair mewn eisteddfodau gwahanol wedi hynny. Tipyn o gamp!

'Yn ôl y sôn,' meddai Martin Lewis, 'fe wnaethon nhw newid rheolau'r Eisteddfod ar ôl iddo fe ennill ei bedwaredd cadair, a dweud nad oedd neb yn cael ennill mwy na dwy. Ond mae'r stori yn mynd yn ei blaen ymhellach. Dywedir bod Dewi wedi ysgrifennu barddoniaeth yn enw pobol eraill wedi hynny, fel ei fod e'n dal i allu cystadlu. Un o'r rhain oedd D. Jones – a'r D. Jones hwnnw yn ôl y sôn oedd tafarnwr lleol oedd yn anllythrennog!'

Ar ôl i Dewi Emrys adael yr ysgol, cafodd waith fel prentis cysodwr a newyddiadurwr gyda'r *County Echo* yn yr ardal cyn cael gwaith gyda phapur lleol hyna Cymru erbyn hyn, y *Carmarthen Journal*. Tra oedd e'n gwneud y jobyn hwnnw, dechreuodd bregethu yng nghapel Heol Awst yn y dre. Aeth yn weinidog wedyn lan i Lerpwl ac oddi yno i Ddowlais.

'Enillodd e'r goron am 'Rhigymau'r Ffordd Fawr' yn Abertawe ond mewn cystadleuaeth arall yn yr un Eisteddfod yr enillodd e gyda cherdd sy wedi dod yn un o rai amlyca Cymru. Fe enillodd y gystadleuaeth am gerdd dafodieithol gyda'r gwaith ' Pwllderi'. Dod yn gydradd gynta wnaeth e mewn gwirionedd, ond mae lot yn credu erbyn hyn mai dyma'r gerdd dafodieithol bwysica a sgrifennwyd yn y Gymraeg.'

Odi, mae 'Pwllderi' yn glasur. Ond, drama o fath gwahanol ddigwyddodd ar y Maes wedi ei lwyddiannau barddonol. Doedd pethe ddim wedi bod cystal rhyngddo fe a'i wraig Cissie ac roedd Dewi ei hunan wedi bod mewn trafferthion personol amrywiol. Roedd wedi gadael ei eglwys a'i deulu rai blynyddoedd ynghynt ac aeth i'r fyddin jyst cyn diwedd y Rhyfel Byd Cynta. Ar ôl y rhyfel, triodd ei lwc fel newyddiadurwr yn Fleet Street, ond aeth pethe ddim yn dda iawn. Roedd yn ddigartre am gyfnodau hir yr adeg hyn, ac yn byw wrth ymyl afon Tafwys yn Llundain lle roedd yn aml yn cael ei weld yn begian am arian gyda'i gap yn ei law.

Roedd ei wraig am ddod o hyd iddo ac aeth i chwilio amdano ar faes yr Eisteddfod yn Abertawe am un rheswm penodol – doedd e ddim wedi talu unrhyw arian tuag at fagu ei blant ers amser hir a roedd hi ishe'r hyn oedd yn ddyledus iddi! Rhoddodd e'r arian enillodd e yn yr Eisteddfod iddi yn y fan a'r lle yn ogystal ag arian wnaeth e fenthyg gan rai o'i ffrindiau oedd yno hefyd. Yn ôl y sôn, aeth e â'r goron i *pawn shop* yn Abertawe a rhoi'r arian hynny iddi hefyd!

Y Ship, Abergwaun

Erbyn diwedd ei fywyd roedd yn byw gyda'i ferch yn Aberystwyth. Roedd Cymru i bob pwrpas wedi anghofio amdano, ond rydyn ni'n dal i gofio am ei gerdd sy'n sôn am ran arbennig o ardal Abergwaun sef 'Pwllderi'.

'Rown i'n ishte dŵe uwchben Pwllderi,
Hen gatre'r eryr a'r arth a'r bwci.
'Sda'r dinion taliedd fan co'n y dre
Ddim un llefeleth mor wyllt yw'r lle.
'All ffrwlyn y cownter a'r brethin ffansi
Ddim cadw'i drâd uwchben Pwllderi.
'Ry'ch chi'n sefill fry uwchben y dwnshwn,
A drichid lawr i hen grochon dwfwn,
A hwnnw'n berwi rhwng creige llwydon
Fel stwceidi o lâth neu olchon sebon.
Ma' meddwl amdano'r finid hon
Yn hala rhyw isgrid trwy fy mron.

Blodeugerdd o Farddoniaeth Gymraeg yr Ugeinfed Ganrif, gol. Gwynn ap Gwilym ac Alan Llwyd (Gomer/Barddas)

Moby Dick a Richard Burton

Yn y Ship, yng nghanol y trysorau morwrol i gyd, mae un plac bach yn sownd i'r wal sy'n gofnod i draddodiad parchus Cymreig arall – actio. Mae'n nodi bod y dafarn wedi aros ar agor o bump o'r gloch ar un nos Wener ym mis Mawrth 1971 tan bump y bore canlynol er mwyn cwrdd ag anghenion yfed criw ffilmio arbennig ac mae'n mynd 'mlaen i nodi iddyn nhw fethu â'u bodloni ar ôl gweini cwrw am ddeuddeg awr! Roedd y criw yn ffilmio *Under Milk Wood* ac o ystyried mai dau o actorion y ffilm honno oedd Richard Burton a Peter O'Toole dyw e ddim yn syndod o gwbl, falle, i gwrw'r Ship fethu â thorri syched! Diolch byth nad oedd y ddau blisman yn cwato yn y capel y noson honno!

Dyma glasur o ffilm o waith y bardd Dylan Thomas ac yn ogystal â'r sêr mawr, roedd lot o actorion o Gymry ynddi ac ambell actor ifanc anadnabyddus ar y pryd – fel David *Only*

41

Ryan Davies a Richard Burton

Fools and Horses Jason er enghraifft. Ond hefyd roedd lot o bobol Cwm Abergwaun, pentre'r Ship, yn y ffilm. Un o'r rhain oedd yr Hedydd Hughes ifanc – ifanc iawn, iawn!

'Pedair oed wen i pan gafodd y ffilm ei gwneud a wedd e'n gyfnod cyffrous iawn! Wedd gan Mam-gu a Dad-cu siop lawr ar hyd y cei, ddim yn bell o'r Ship, a wedd y cyfarwyddwr wedi gofyn am gael troi eu siop nhw'n siop losin ar gyfer y ffilm. Wedd angen plant, wrth gwrs, i fynd mewn i brynu losin yn y siop a finne'n un ohonyn nhw. Ac ar ddiwedd y ffilmio i gyd, fe gawson ni fynd mewn i'r siop a chael beth bynnag we ni eisiau am ddim. Nefoedd!'

Yn ôl Hedydd, roedd y criw wedi cymryd y pentre drosodd am y tair wythnos roedden nhw yno. Doedd dim modd troi cornel heb ddod wyneb yn wyneb ag actor adnabyddus neu gamera neu golur neu'r gwisgoedd amrywiol. A phan oedd angen, roedd rhyw graig fach yn ymyl yr hewl yn troi'n ddesg i roi teipiadur arni er mwyn addasu'r sgript.

'Dw i'n cofio edrych mas trwy ffenest fy stafell wely un noson pan wen nhw'n ffilmio wedi iddi dywyllu. Wen nhw'n gwneud yr olygfa sy ar ddiwedd y ffilm pan mae Ryan Davies yn marchogaeth mochyn drwy'r pentre a phawb yn gweiddi a sgrechen yn eu pyjamas. Mae honna'n dipyn o atgof!'

Y Ship, Abergwaun

Un noson, wedi gorffen ffilmio a'r cast yn cael pryd o fwyd, fe awgrymodd Ryan y dylai'r Cymry yn eu plith ddangos i'r gweddill shwd ro'n nhw'n gallu canu. Yn naturiol ddigon, aeth yn hwylus dros ben, fel mae un o'r actorion Cymraeg, Olwen Rees, yn cofio dros ddiod yn y Ship.

'Ges i chwarae Gwennie, yr hogan fach yn y ffilm, ac Iris Jones yn chwarae fy mam. (Hi oedd Beryl yn *Pobol y Cwm* os y'ch chi'n cofio.) Yn ystod y canu 'ma yn y dafarn, gofynnodd Ryan i mi ganu. Doeddwn i ddim isho mewn gwirionedd ond anodd oedd gwrthod Ryan. Felly mi ganais 'Huna Blentyn' – a Ryan yn mynnu i fi ganu pob pennill! Clywyd y canu gan Brian Gascoigne, y cyfarwyddwr cerdd, a gofynnodd oeddwn i'n gwbod rhagor. "Ydw" medda fi, ac mi ganais lwyth o alawon gwerin Cymraeg. Ar y dydd Sul canlynol, mi aeth Brian ati i recordio rhai o'r rhain a dewis, yn diwadd, defnyddio 'Huna Blentyn' ar gyfer y *titles* ar ddiwedd y ffilm.'

Nid dyma'r ffilm gynta i gael ei gwneud yn yr ardal. Yn 1955, roedd neb llai na Gregory Peck, un o sêr mwya'r byd, yn ffilmio *Moby Dick* yng Nghwm Abergwaun. Mae'n siŵr bod hynny wedi creu cryn gyffro ymhlith menywod Sir Benfro! Un nodwedd amlwg o'r ffilmio bryd hynny oedd y dasg o wneud model anferth o'r morfil enwog. Yr hyn wnaethon nhw oedd defnyddio hen danciau olew a'u gorchuddio gyda chynfas. Roedd yn pwyso 12 tunnell ac yn 75 troedfedd o hyd. Wedyn, pan oedd angen i'r morfil godi i wyneb y môr, roedden nhw'n llenwi'r model gydag aer ac yn gollwng yr aer pan oedd angen i'r morfil fynd 'nôl o dan y dŵr. Clyfar iawn. Roedd cwmni ffilm Warner Brothers wedi yswirio'r ffilm am swm aruthrol. Ar ôl i'r ffilmio orffen, a thrwy ffyrdd digon dirgel, llwyddodd y morfil aruthrol hwn i ddianc o'r lle roedd e wedi ei angori a hwylio mas i'r môr mawr. Er gwaetha ymdrechion i ddod o hyd iddo, does neb wedi gweld yr hen Moby fyth ers 'ny.

Fel ym mhob tafarn debyg, mae pysgotwyr y Ship yn dal i gwyno am yr un a lwyddodd i ddianc. Ond yn wahanol i bob tafarn arall trwy Gymru, nid sôn am sgadan neu frithyll pitw maen nhw fan hyn, ond am forfil mwya'r byd!

Pws
wrth y bar
Y Ship

'Ma chi dafarn â digonedd o awyrgylch. Chi'n gallu gwynto Dylan Thomas 'ma i ddechre! Ma blas halen y môr bob man a bric a brac morwrol rownd pob cornel ac ar bob wal yn wledd i'r llygad. Roedd yn dipyn o sioc i gerdded rownd y dafarn yn edrych ar bopeth sy 'da nhw 'na a rhywun yn digwydd sôn mai boi o Dresaith oedd wedi rhoi'r *porthole brass* ro'n i'n sefyll o'i flaen ar y pryd. 'Ma fi'n holi mwy a deall mai Ianto oedd wedi ei roi e 'na, un o ffyddloniaid y dafarn yn Nhresaith ble dw i'n mynd, a boi dw i'n yfed 'da fe'n amal. Roedd e'n arfer gweithio ar y môr ac wedi rhoi'r *porthole* yn anrheg i'r Ship – nid bod e'n cofio dim am hynny tan bo fi'n dweud wrtho fe!

Roedd y band Radwm yn gweithio'n dda iawn yn y Ship wrth chware ar ddiwedd y rhaglen deledu. Does dim prinder Saeson yn yr ardal, wrth gwrs, yn ffyddloniaid ac yn ymwelwyr. Roedd cerdded mewn i'r dafarn a chlywed cerddoriaeth werin Gymraeg yn dipyn o sioc iddyn nhw. Ond wi'n lico tynnu'r crowd mewn i'r holl berfformio pan ma 'na'n digwydd, a 'na beth 'nes i yn Abergwaun. Ar ddiwedd y cwbwl, ro'n nhw wrth eu bodde. Ro'n nhw wedi clywed cerddoriaeth fel hyn am y tro cynta ac wedi cael lot o hwyl wrth ddod yn rhan o'r peth. Grêt!

Wrth fynd rownd o dafarn i dafarn, un gogoniant i fi oedd clywed y gwahanol dafodieithoedd. Does dim enghraifft well o hynny nag yn y Ship, a thafodiaith Sir Benfro yn gryf ac yn iach yno. Ma ishe cadw'n tafodieithoedd ni, ma'n nhw'n cynnig cymaint o amrywiaeth lliwgar i'r iaith. Chi'n cael ambell ddywediad digon bywiog hefyd. 'Na'th un boi ddweud wrtha i yn Abergwaun fod fy mhen i'n 'sheino fel pwrs milgi yn yr houl'!

4
Y Black Boy, Caernarfon

LAN Â NI bron i dop Cymru ar gyfer y dafarn nesa. Na, nid yr Wyddfa, ni wedi bod fan'na, ond i dre sy'n gorwedd ar arfordir y gogledd. Ar un llaw mae hi'n dre Rufeinig bwysig ac yn dre frenhinol, ond hi hefyd (yn ôl Dr John Davies) yw'r dre fwya Cymreig yn y byd – lle maen nhw hyd yn oed yn rhegi yn Gymraeg. Mae un o gestyll gorau Ewrop yn sefyll reit yn ei chanol, wedi ei godi gan y cynta ymhlith y brenhinoedd sy â chysylltiadau amlwg â'r dre, sef Edward I. Mae ganddi gysylltiadau pellach â Charles II, Edward VIII a thywysog presennol Cymru. Ond mae hi hefyd yn un bwrlwm o fywyd Cymraeg a Chymreig ac yn grochan o'n chwedlau traddodiadol ni'r Cymry hefyd. Mae nifer o chwedlau amlyca'n gwlad wedi tarddu o'r ardal – chwedl Macsen Wledig er enghraifft, sef y boi, yn ogystal ag ymladd ambell frwydr fan hyn a fan draw, oedd yn chwarae gwyddbwyll yng Nghaernarfon cyn bod sôn am gastell na marchog yn y dre. Mae tafarn y Black Boy ar agor ers 1522. Na, nid ers jyst wedi ugain munud wedi tri, ond ers bron i bum can mlynedd. Mae'n siŵr ei bod yn un o'r tafarnau hyna yng Nghymru. Yn sicr, mae ganddi un o'r enwau mwya anarferol ar dafarn yng Nghymru. A fan'na ddechreuwn ni.

Pwy yw'r Black Boy?

I dafarn sy wedi bod ar agor mor hir, does dim syndod bod sawl fersiwn o'r hanes am darddiad yr enw. Un man amlwg i ddechrau dod o hyd i'r ystyr yw yn y Black Boy ei hun lle mae John Hughes y tafarnwr yn gallu cynnig dau esboniad cwbl wahanol.

'Y stori gynta ydi i'r dafarn gael ei henwi ar ôl hogyn du oedd yn arfer gweithio yma. Cafodd ei gipio yn hogyn ifanc yn Affrica a'i gymryd i Gymru. Mae wedi ei gladdu yn ôl y sôn yng Nghricieth. Y stori arall ydi i'r dafarn gael ei henw ar ôl bwi du oedd yn y môr gerllaw. Tydw i ddim am roi fy enw i yn erbyn yr un o'r ddwy stori! Gaiff pawb gredu'r esboniad sy fwya wrth eu bodd!'

'Na beth yw tafarnwr call, cadw'r ddysgl yn wastad a'r gwydrau'n llawn! Mae teyrnged i'r ddwy stori ar waliau'r Black Boy. Mewn un cornel, plac pren a wyneb bachgen du wedi ei baentio arno. Oddi tano, braslun o'r stori am sut y daeth y bachgen tywyll ei groen i Gymru yn y ddeunawfed ganrif. Ond hefyd, mae yna lun wedi ei baentio ar y wal sy'n dangos y bwi yn y môr a bachgen du mewn cwch rhwyfo gerllaw!

'Mae llawer o bobol yn synnu ein bod yn dal i alw'r dafarn yn "Black Boy" y dyddiau yma, yn enwedig yr Americanwyr sy'n dod bob haf. Maen nhw wrth eu bodd â'r enw a deud y gwir. Ond falla mai'r ymateb gora i mi gael oedd hogyn ifanc yn cerddad ar y stryd y tu allan i'r dafarn ac yn sefyll yn y fan a deud yn gyffrous, "Wow! I've never had a pub named after me before!"'

Y Black Boy, Caernarfon

Ond mae yna stori arall sy'n cynnig trydydd esboniad. T. Meirion Hughes, un o'r bobol leol, alwodd draw i'r Black Boy i ddweud y stori honno. Mae e'n cyfeirio at res o luniau sy ar drawst du o dan silff yn y dafarn, lluniau o fyddigion crand o rai canrifoedd yn ôl a'r Brenin Charles II yn eu plith.

'Mae'r stori yma'n mynd â ni 'nôl i ddyddiau Oliver Cromwell a'r Pengryniaid a Chafaliriaid y Brenin Charles. Yn y cyfnod hwnnw, roedd pobol y dre 'ma yn *royalists* go iawn ac roedd grŵp ohonyn nhw'n cyfarfod yn y dafarn yn rheolaidd. Yn y cyfarfodydd yma, roedden nhw'n codi llwncdestun, "To the Black Boy!" neu "To the Black Boy over the water!" Cyfeirio at y Brenin Charles yr Ail, oedd ar y pryd yn alltud yn Ffrainc, oedden nhw. Roedden nhw'n cyfeirio ato wrth yr enw yna am ei fod yn fachgen pryd tywyll, neu fel roedd y Saeson yn cyfeirio ato, "... of swarthy complexion with black eyes..." Roedd ei fam yn ei alw mewn rhyw ffordd gariadus, "My beautiful Black Boy!" Ac i mi, o fan'na ddoth enw'r dafarn arbennig yma yng ngogledd Cymru.'

Wel, dyna ni. Dyma dair stori i chi i esbonio enw'r dafarn. Dewiswch yr un rydych chi'n ei hoffi fwya a glynwch ati!

Meistres y Môr a het sy'n dal i ffito!

Mae Caernarfon a'r môr yn mynd law yn llaw ers canrifoedd lawer, ac ar hyd y canrifoedd mae'n siŵr bod morwyr o sawl gwlad o gwmpas y byd wedi rhannu eu straeon, neu raffu eu celwyddau, dros beint neu chwech yn y Black Boy. Daeth y llongau â'r nwyddau cynta i Gaernarfon yn y ddeunawfed ganrif. Daeth coed o Ganada. Daeth gwlân o Iwerddon credwch neu beidio. (Pam ar y ddaear oedd ishe dod â gwlân i wlad yn llawn defaid, dyn a ŵyr!) Daeth cerrig o Benmaenmawr ger Trefor i'r harbwr hwn hefyd. Mae Amgueddfa Fôr yn y dre, a fan'na ddaeth Emrys Jones i sôn am stori Caernarfon a'r môr.

'Ar ôl dechrau derbyn y nwyddau oedd yn cael eu mewnforio, roedd Caernarfon yn allforio hefyd. Copr a llechi gan fwya, o ddiwydiannau llewyrchus gogledd Cymru. Hefyd, ychydig

Straeon Tafarn

Y Capten John Pritchard

yn fwy annisgwyl, roeddan nhw'n allforio ocr, y blodyn bach melyn hardd, i America a'r Indies. Morwyr roedd hogia'r dre isho bod yr adeg hynny, morwyr yn mentro i bedwar ban. Ond doeddan nhw ddim yn gallu cael eu hyfforddiant i gyd yma yng Nghaernarfon – roedd gofyn mynd naill ai i Lerpwl neu Ddulyn. Toeddan nhw ddim yn gallu cael leisans capten yma chwaith. Felly, dyma rai ohonyn nhw'n cael sgwrs un dydd ac yn gofyn pam na fasan nhw'n agor ysgol forwriaeth yng Nghaernarfon ei hun. A dyna ddigwyddodd.'

Dyma gam naturiol falle, i dre lle roedd y llanw a'r trai yn dylanwadu cymaint ar fywyd. Ond cam annisgwyl iawn oedd gofyn i fenyw gynnal yr ysgol forwriaeth. Roedd Ellen Francis wedi symud i'r dre o Amlwch, Ynys Môn, wedi i'w thad, oedd yn gapten llong, gael ei ladd mewn llongddrylliad. Priododd hi â dyn o Gaernarfon, Thomas Edwards, a dechreuodd yr Ysgol Forwriaeth yn Stryd Newydd ger Capel Engedi.

'Yn ôl pob tebyg, mi wnaeth hi ddysgu hyd at 1,000 o ddynion ifanc i fod yn forwyr dros gyfnod o 60 mlynedd! Ac mi drodd nifer ohonyn nhw'n gapteniaid, wrth gwrs, a sawl un yn yr hyn y byddan ni'n ei alw'n "seleb" y dyddia yma. Huw Thomas oedd yn gapten ar long pedwar mast, peth prin iawn. Wedyn Henry James aeth yn gomodor, sef uwch na chapten!

Ond y seren, heb os, a dyn oedd yn Lewis Hamilton ei oes, oedd Robert Thomas. Mi dorrodd o'r record am hwylio o Lerpwl i Melbourne ac yn ôl ddwywaith. Tipyn o gamp. Roedd o'n cael digon o sylw'r genod ifanc pan oedd yn cerddad lawr stryd yn Gaernarfon!'

Capten enwog arall oedd y Capten John Pritchard. Aeth e i'r môr fel gwas caban yn 13 oed ond erbyn iddo fe gyrraedd ei 30 oed roedd yn gapten ar long fwya a chyflyma'r byd ar y pryd, y *Mauretania*. Roedd hon yn llong foethus tu hwnt a chrand dros ben. Defnyddiwyd 28 o wahanol fathau o bren i greu'r celfi a'r addurniadau. Bu dros 300 o grefftwyr o Balesteina yn cerfio'r panel pren godidog yn y lolfa ddosbarth cynta. Y boi o Gaernarfon oedd wrth y llyw pan hwyliodd y llong mas o borthladd enfawr Lerpwl am y tro cynta erioed ar ei thaith ar draws yr Iwerydd. Rai wythnosau yn unig wedi hynny, roedd y *Mauretania* yn torri record y byd am y daith gyflyma ar draws yr Iwerydd tua'r dwyrain. Cadwodd y llong y record hon am ddau ddeg dau o flynyddoedd – ond John Pritchard oedd y cynta wrth y llyw! Pan gyrhaeddodd y Capten a'i long Efrog Newydd an y tro cynta roedd torf anferth yno, a newyddiadurwyr o bob man. Gwaeddodd un ohonyn nhw lan at y llong, 'Capten John Pritchard o Gaernarfon, gogledd Cymru, mae pobol America ishe clywed gair gennych!' Gwaeddodd yntau 'nôl lawr ato, 'Gallwch ddweud wrthynt fy mod wedi gweithio i Cunard ers dros 30 mlynedd a bod yr het roeddwn yn ei gwisgo ar y cychwyn yn dal i ffitio heddiw.' Chwarae teg iddo fe. Oes ar y môr ond ei draed ar y ddaear.

Cynhesu gwely

Mae tafarn y Black Boy ar stryd yng Nghaernarfon ag enw bach digon od arni hefyd, sef Stryd Pedwar a Chwech. A phan ewch chi mewn i'r dafarn, mae trawst mawr du yn mynd o un ochr y lle bwyta i'r ochr arall yn dweud 'Croeso i Stafell Fwyta Pedwar a Chwech'. Pob ochr i'r geiriau mae'r 4d a 6d wedi eu sgrifennu, sef yr hen ffordd o sgrifennu pedair ceiniog a chwe cheiniog. Caiff Emrys Jones esbonio.

Straeon Tafarn

'Yn yr hen ddyddia, pan oedd pobol yn dod yma ar gefn ceffyl i aros y nos, pris stafall wely oedd pedair ceiniog. Ond os oeddach chi isho dynas i gynhesu'r gwely, y pris oedd chwe cheiniog! Dyna sy y tu ôl i pedwar a chwech, roedd dwy lefal o wasanaeth ar gael! Does gen i ddim profiad personol a ydi hynna'n wir ai peidio, cofiwch!'

Wel, dyna ni 'te. Go brin bod yr ymwelwyr di-ri sy'n ishte o dan yr arwydd yn bwyta eu ffowlyn a'u sglods yn gwbod pam mae'r stryd a'r stafell fwyta wedi cael y fath enw.

Charles Dickens a giaman

Mae pobol tre Caernarfon yn bobol sbesial iawn. Mae ganddyn nhw ddau beth sy'n brawf o hynny. Mae 'na enw arbennig ar gyfer y rhai a ddaw o'r dre ac mae ganddyn nhw eu hiaith eu hunain. Cymraeg yw hi – ond go brin bod unrhyw Gymro neu Gymraes Cymraeg arall yn ei deall! Yn y Black Boy roedd un o wynebau cyfarwydd S4C, boi o'r dre o'r enw Dewi Humphs, yn barod i ddweud ei stori fe a'i deip. Ond wrth fynd ati i esbonio'r enw ar bobol y dre wnaeth e ddim dechrau lle byddech chi'n disgwyl iddo ddechrau.

'Yn nofelau Charles Dickens, mae sawl cymeriad yn defnyddio iaith bob dydd, iaith y Cockney wrth gwrs. Ac un gair allwch chi ei ddarllen yn ei waith ydi "cove" neu "covey".

Mae'n cael ei ddefnyddio wrth i rywun gyfarch rhywun arall, "All right covey?" "Come here cove!" Yr ystyr ydi mêt neu ffrind. Rŵan, roedd nifer fawr o'r morwyr yng Nghaernarfon yn nyddiau Dickens yn Cockneys ac mae'n siŵr wedyn i'r gair fod yn ddigon cyffredin ar strydoedd y dre.'

Mae neb llai na'r Artful Dodger ei hun yn defnyddio'r ddau air 'cove' a 'covey' yn *Oliver Twist* a'r ffurf 'covey' yw'r un sy'n cael ei defnyddio wrth siarad â bechgyn iau neu blant. Felly mae'n ddigon posib bod morwyr siaradus, cyfeillgar o Lundain wedi cyfarch plant a phobol ifanc strydoedd Caernarfon fel 'coveys' a nhwthau wedyn yn cyfarch ei gilydd yn yr un modd. Ac mae'r gweddill, fel mae'r Sais yn ei ddweud, 'yn hanes'.

Nawr, beth yw 'giaman'? Mae'r Cofis yn gwbod, y rhai go iawn hynny yw. Dyna'u gair nhw am gath. Ac mae rhagor o enghreifftiau o'u geirfa unigryw nhw gan Dewi Humphs.

'"Mags" ydi'n gair ni am arian a wedyn ma "sei" yn chwe cheiniog a "hog" yn swllt. Ond yn anffodus mae'r ddau air yna'n diflannu'n gyflym gan fod swllt a chwe cheiniog wedi diflannu. "Sgrin" ydi punt a "niwc" ydi ceiniog – sef y gair "cwîn" ffor' arall rownd!'

Gydag enw a geiriau sbesial ganddyn nhw, pa fath o gymeriad tybed yw'r Cofi? Mae Dewi yn ddigon parod ei ateb.

'Does dim yn creu argraff arnan ni. Mae hynny'n ddigon clir i'w weld. Mi ddos i mewn i'r Black Boy 'ma un pnawn Sul a meddwl fasa fo'n hwyl i drio creu sefyllfa a dychmygu be faswn i'n gneud yn y sefyllfa honno. Hyn i gyd er mwyn i ni beidio jyst ista yno a'n pen yn ein plu! Mi ddwedes felly wrth yr hogia y dylen ni ddychmygu bod Elvis yn fyw eto a'i fod yn perfformio ar y Maes yn G'narfon. "Be nawn ni hogia?" medda fi wedi gneud fy ngora' i greu'r darlun cyffrous yna. Mi ddoth yr ateb yn ôl, "Cael peint a meddwl am y peth, ia!"'

Stori dau dywysog

Ond cyn sôn am y ddau dywysog hyn, mae angen sôn am un arall. I genhedlaeth mam-gu yn y dre, yr arwisgo brenhinol maen nhw'n ei gofio yw'r un yn 1911 pan gafodd Edward VIII

51

ei goroni'n Dywysog Cymru. Dyna'r pasiant mawr cynta yn y castell i greu tywysog i'r teulu brenhinol. Mae hen ffilm *ciné* o'r diwrnod yn dal i fodoli, yn dangos y castell fel ag yr oedd ganrif yn ôl. Roedd gan bobol Caernarfon fwy o reswm dros ymfalchïo yn yr achlysur hwnnw am mai'r aelod seneddol lleol drefnodd y parti. Aeth David Lloyd George yn ei flaen wedyn i fod yn Brif Weinidog Prydain.

Ond yr arwisgo mae pawb arall yn ei gofio, am wahanol resymau mae'n siŵr, yw'r un yn 1969 pan gafodd Charles ei wneud yn Dywysog Cymru yn ystod seremoni fawr yng Nghastell Caernarfon. Mae lot fawr o bobol y dre yn cofio'r diwrnod yn glir iawn ac, yn eu plith, Bobby Haynes, oedd wedi gorfod prynu siwt newydd sbon ar gyfer yr achlysur!

'O'n i'n checio tocynnau pawb wrth un o'r mynedfeydd. Gneud yn siŵr bod y bobol iawn yn cael mynd i mewn. Mi ddoth un dyn ata i efo tocyn oedd yn edrych yn amheus iawn. Mi dynnais sylw'r plismon o'r Met oedd wrth fy ochr, mi alwodd o ar blismon arall a ffwrdd â dyn y tocyn ar unwaith i ryw stafell gefn a welodd neb mohono wedi hynny! Roedd ganddo docyn ffug. Diddorol fasa gwbod pwy oedd o a pham roedd o am fynd mewn.'

Maer tre Caernarfon ar y pryd oedd cymeriad amlwg iawn yng Nghymru, Ioan Bowen Griffith, neu I. B. Griffith fel roedd pawb yn ei nabod. Un o'r straeon chwedlonol amdano yn y cyfnod hwn yw iddo gwrdd â Charles yn yr wythnosau cyn yr arwisgo. Roedd y darpar Prins yno i weld beth oedd beth ymlaen llaw ac wrth i'r ddau daro ar ei gilydd yn y castell aeth y maer lan ato, estyn ei law a dweud, 'Hello, I. B. Griffith.' A Charles, yn ôl y stori yn ei ateb, 'Hello, I be Charles.' Clasur!

I nifer o bobol Caernarfon a gweddill Cymru roedd '69 yn achlysur i'w ddathlu. Cafodd plant ysgol ledled y wlad gwpanau neu fygiau arbennig i gofio'r achlysur, a bu partïon stryd ym mhob man. Ond doedd pawb ddim yn teimlo'r un peth. Doedd pawb ddim yn hapus a dweud y lleia. Dyna pryd wnaeth Dafydd Iwan ryddhau dwy gân yn gwneud sbort am ben yr

Y Black Boy, Caernarfon

holl syniad o Dywysog Cymru a'r arwisgo, sef 'Croeso '69' a 'Carlo', ac roedd teitl y gân ola honno yn gwawdio'r Prins trwy Gymreigio ei enw'n ddigon pryfoclyd. I rai o'r gwrthwynebwyr, roedd yr holl syniad o gynnal yr arwisgo yng Nghaernarfon yn gynllun bwriadol i roi pìn ym malŵn y Cymry mewn cyfnod pan oedd mynd go fawr ar y Pethe Cymraeg a chenedlaetholdeb yn gyffredinol. Un oedd yn teimlo fel'na oedd y dyn ifanc a enillodd gadair Eisteddfod yr Urdd y flwyddyn honno gyda chasgliad o gerddi oedd yn cynnwys cerdd yn ymateb i'r arwisgo. Erbyn hyn mae 'Fy Ngwlad' gan Gerallt Lloyd Owen yn cael ei hystyried yn un o'n cerddi Cymraeg gorau ac mae'n mynd â ni 'nôl at ddyddiau Tywysog Ola Cymru, Llywelyn.

'Roedd yn gyfnod llewyrchus o ran twf cenedlaetholdeb,' meddai Gerallt Lloyd Owen, 'Roedd Gwynfor Evans wedi cael ei ethol yn Aelod Seneddol cynta Plaid Cymru yn 1966. Roedd galw mawr am fwy o Gymraeg yn ein bywyd cyhoeddus. Mae'n siŵr bod trefnu'r arwisgo yng Nghaernarfon yn rhan o fwriad i'n rhannu ni fel Cymry yng nghanol cyfnod o frwdfrydedd.'

Mae hynny'n swno'n debyg iawn i fwriad Edward I wrth iddo adeiladu'r castell yn y lle cynta, gannoedd o flynyddoedd ynghynt. Ond, rydyn ni yma o hyd! Daeth y rhwyg yng Nghymru yn gyhoeddus iawn yn Eisteddfod yr Urdd y flwyddyn honno, o bob man! Falle i Gerallt Lloyd Owen ennill ei gadair yn yr Eisteddfod honno, ond roedd arweinwyr yr Urdd yn y cyfnod hwnnw wedi rhoi gwahoddiad i'r tywysog newydd fod yn westai anrhydeddus. O lwyfan y pafiliwn, fe wnaeth y Prins ei araith yn Gymraeg a chael ymateb ffafriol iawn gan nifer fawr oedd yn gwrando arno. Dyma ran o beth ddwedodd e.

'Fe hoffwn nodi nad ydw i wedi dod yma heddiw yn ddi-baratoad mewn llenyddiaeth Gymraeg. Yn wir, fel yr awgrymodd rhywun, rydw i'n darllen Dafydd ap Gwilym...'

Pawb yn chwerthin yn iach a churo dwylo i gymeradwyo, cyn iddo fynd yn ei flaen.

'... yn fy ngwely bob nos!'

A dyna chwerthin mwy fyth a phawb wrth eu boddau fod y tywysog wedi gwneud jôc yn Gymraeg. Ond ychydig ddyddiau

53

wedyn, daeth yr hollt yn y Gymru Gymraeg yn fwy amlwg fyth ac roedd Gerallt Lloyd Owen yn ei chanol hi.

'Un peth dw i'n cofio'n arbennig oedd nos Sadwrn yr Eisteddfod a Dafydd Iwan yn canu yn y Noson Lawen. Fe ddechreuodd Dafydd, cyn canu ei ganeuon arferol, 'Croeso '69' a 'Carlo' ac ati, trwy ddarllen fy ngherdd 'Fy Ngwlad'. Tydw i erioed wedi gweld y fath ymateb mewn cynulleidfa. Roedd yr hanner blaen, y bobol hŷn, yn curo dwylo'n aflafar, yn bwian ac yn hisian er mwyn ceisio tewi Dafydd. A'r hanner ôl, y rhai iau, wrth eu boddau â gweithred Dafydd.

'Roedd hynny'n brifo'n arw iawn. Mae Dafydd Iwan ei hun yn dweud nad ydi o wedi gweld ymateb fel'na gan unrhyw gynulleidfa erioed. Mi es i oddi yno a dweud y gwir. Roeddwn i mor siomedig, mor siomedig. Roedden nhw wedi gwneud ffŷs fawr o'm cadeirio ddeuddydd ynghynt ac eto ddim isho clywed y geiriau.'

Fy Ngwlad

Wylit, wylit, Lywelyn,
Wylit waed pe gwelit hyn.
Ein calon gan estron ŵr,
Ein coron gan goncwerwr,
A gwerin o ffafrgarwyr
Llariaidd eu gwên, lle'r oedd gwŷr.

Gerallt Lloyd Owen, *Cerddi'r Cywilydd* (Gwasg Gwynedd)

Pws
wrth y bar
Y Black Boy

O'n i'n ddigon cyfarwydd â'r dafarn 'ma cyn ffilmo 'na, ma hynny'n ddigon sicr! Wrth ganu'r gân 'Carlo' yn y dafarn, roedd holl gyffro ac antur diwedd yr 1960au yn dod 'nôl ata i ac roedd

Y Black Boy, Caernarfon

cyfraniad Gerallt Lloyd Owen yn eitha teimladwy. Doedd e ddim ishe mynd i gael ei ffilmio'n darllen ei gerdd yn y castell a wnaethon ni hynny yn ei dŷ yn lle 'ny. Ychydig flynyddoedd oed oedd Tebot Piws yr adeg hynny, felly ro'n ni yn ei chanol hi 'da'r canu a'r protestio. Daeth un atgof poenus 'nôl i'r cof o brotest mewn eisteddfod lle roedd y Tywysog Charles yn westai. Yn ystod yr ymweliad, a finne wedi codi ar fy nhraed i ddangos fy ngwrthwynebiad gyda llu o bobol eraill, ces i eitha goten ar gefn fy mhen gan ymbarél hen wraig yn ei saithdegau oedd y tu ôl i fi! Cyfnod fel'na oedd hi ac roedd dweud y stori eto yn dangos cymaint ma pethe wedi newid. Roedd canu cân fel 'Carlo' hefyd yn atgoffa rhywun o ba mor dda oedd Dafydd Iwan yn sgrifennu caneuon oedd yn chwerthin am ben y bobol fydde'n anghytuno â'r hyn roedd e'n ei gredu. Ma hynny dipyn mwy effeithiol na bod yn gas mewn caneuon drwy'r amser.

Cyn y protestio 'na i gyd, ro'n ni fel teulu yn arfer mynd am wylie haf i Chwilog bob blwyddyn ac aros ar fferm Castell y Coed. Doedd dim lot o arian 'da ni i gael gwylie, felly o'n ni'n gweithio ar y fferm hefyd, yn lladd y gwair a phethe tebyg – a hynny 'nôl yn nyddie ceffyl a chart! Bydden ni'n aml yn mynd am drip diwrnod i Gaernarfon o Chwilog a fi'n cofio sefyll wrth y castell a meddwl yn ddigon balch, 'Dyma'n castell ni, castell y Cymry yw hwn.' Sioc oedd deall fel arall ar ôl tyfu lan. Ond, ni bia fe 'to nawr, felly falle dylen ni baentio fe'n goch, gwyn a gwyrdd.

Does dim prinder Cymraeg yn y Black Boy, ma'r iaith yn arllwys mas o'r dafarn. Does dim prinder straeon am ysbrydion yno chwaith. Ma'n nhw werth eu clywed a does dim prinder pobol all rannu'r straeon 'na 'da chi chwaith yn y Black.

55

5
Y Tŷ Cornel, Llangynwyd

DYW'R DAFARN HON ddim mewn man amlwg iawn ac mae'n siŵr ei bod mewn ardal ddigon dieithr i nifer o bobol hefyd. Yn ardal hynafol Morgannwg mae hi, mewn sir sy'n gyfoeth o hen chwedlau a hanesion ac oedd hefyd yn grochan y chwyldro diwydiannol. Mae'n rhaid mynd i ardal Maesteg a Phen-y-bont ar Ogwr i ddod o hyd i'r dafarn. Mae yna dri dyffryn ochr yn ochr â'i gilydd: y Llynfi, yr Ogwr a'r Garw ac yn y mwya Cymraeg ohonyn nhw, y Llynfi, mae'r Tŷ Cornel. Dyw e ddim yn bell o Faesteg, tre a ddatblygodd o achos y glo a'r dur a thre tri Llew Rygbi, J. J. Williams, Chico Hopkins ac Allan Bateman. Ym Maesteg hefyd y cafodd y gân 'Glan Rhondda' ei chanu'n gyhoeddus am y tro cynta yn 1856. Rydyn ni'n ei nabod yn well yn ôl ei henw mwy cyfarwydd, 'Hen Wlad Fy Nhadau'. Ond, cyn hynny, y man mwya poblog yn yr ardal oedd hen bentre Llangynwyd, sy ddwy filltir i'r de o Faesteg. Dyna lle mae'r Tŷ Cornel. Dyma ardal un o straeon rhamant enwoca Cymru a mynwent fwya Ewrop, medden nhw, sy ar bwys un

56

o eglwysi hyna Cymru. Sdim angen gwastraffu amser gyda stori enw'r dafarn, mae'n ddigon amlwg – mae'n dŷ ac mae ar y cornel! Syml! Ond beth am enw'r pentre 'te? Fe ddechreuwn ni fan'na.

Y Saint a Sam

Fydd e'n syndod i neb bod y pentre wedi ei enwi ar ôl sant ac mai Cynwyd oedd ei enw! Roedd e'n byw yn y chweched ganrif ac yn fab i Cynfelyn. Ond nid yr un Cynfelyn sy'n sail i Cymbeline yng ngwaith Shakespeare. Cynfelyn fab Tenefan oedd e, brenin y Brythoniaid cyn bod y Rhufeiniaid yn dod yma. Cynfelyn arall oedd tad Cynwyd, dipyn ar ôl y llall. Does dim lot o wybodaeth am Cynwyd, heblaw ei fod yn sant yn y chweched ganrif a gafodd ei addysg ym mynachlog Llanilltud Fawr gan Illtud ei hun. Dechreuodd fan addoli yn yr ardal sy'n dwyn ei enw. Fel sy wedi digwydd trwy Gymru, sefydlwyd yr eglwys yn gynta a thyfodd y pentre o'i hamgylch. Dim ond un darn gwreiddiol o eglwys Cynwyd sy ar ôl, carreg lle roedd croes bren yn cael ei gosod. Cafodd yr eglwys ei hailadeiladu yn y drydedd ganrif ar ddeg ac maen nhw wedi gwneud lot o waith arni ers hynny hefyd. Codwyd tŵr yn y bymthegfed ganrif a chafodd ei ailwampio'n llwyr yn y ganrif cyn yr un ddiwetha. Mae 'na groglen drawiadol y tu mewn i'r eglwys sy'n cynnwys cerfiad o'r croeshoelio. Maen nhw'n dweud bod y cerfiad mor bwerus nes ei fod yn gallu cyflawni gwyrthiau.

Roedd un o'r dynion oedd yn gofalu am eglwyswyr Llangynwyd yn dipyn o rebel ac roedd ei stori yn cael ei hadrodd i blant yr ardal am genedlaethau. Mae Eirwen Richards yn un o'r rhai a glywodd am Samuel Jones pan oedd hi'n blentyn.

'Gog oedd e, o Sir Ddinbych, oedd wedi dod i'r ardal i fod yn ficer yn 1657. Mae plant y pentre ers blynyddoedd lawer yn gwbod amdano ac yn gwbod pryd roedd e 'ma. Mae 1622 yn bwysig iawn yn ein meddyliau ni rownd ffordd hyn! Roedd lot o bobol y cyfnod hynny yn dechre gwrthod pethe canolog yr eglwys, y Llyfr Gweddi, trefn y gwasanaethau ac ati. Ro'n nhw am anghydffurfio a dechre ffordd newydd o addoli. Er ei fod yn ficer, roedd Sam Jones yn un o'r rebels 'ma ac fe wnaeth e gerdded mas o'r eglwys un dydd a mynd â grŵp o bobol oedd yn meddwl yr un ffordd ag e gyda fe. Fe ddechreuodd e Academi Ddiwinyddol ei hunan yn fferm Brynllywarch, lle roedd e'n byw gyda'i wraig a'i blant. Mae'r fferm wyngalchog yn dal i fod 'na. Mae Brynllywarch yn cael ei chydnabod fel yr academi ymneilltuol gynta yng Nghymru a gallwch chi ddweud wedyn, y "brifysgol" gynta yng Nghymru. Ry'n ni'n falch iawn ohono fe rownd ffordd hyn!'

Wrth i'r pentre dyfu o amgylch yr eglwys, codwyd yr adeilad sy nawr yn dafarn y Tŷ Cornel. Ond nid tafarn mohoni am flynyddoedd lawer. Ar y dechrau, roedd yn sgubor ddegwm lle roedd pobol y pentre yn mynd i dalu'r degymau oedd yn ddyledus ganddyn nhw. Roedd pawb ar un adeg yn gorfod rhoi un rhan o ddeg o gynnyrch eu ffermydd i'r eglwys. Byddai sgubor wedyn yng nghanol y pentre i gadw'r un rhan o ddeg roedd pawb yn ei roi'n flynyddol. Dechreuodd hyn yn Llangynwyd tua 1722 ac wedyn, ddim sbel ar ôl hynny, dechreuwyd defnyddio'r adeilad fel ysgol i blant y pentre. Does dim cofnod fod gan y lle drwydded alcohol cyn yr 1840au – hynny yw, does dim cofnod swyddogol!

Ann a Wil

Un o ffermydd eraill yr ardal, ddim yn bell o Frynllywarch, yw Cefn Ydfa. Ac os oes 'na bobol leol yn dal i gofio stori'r rebel Sam Jones, mae pawb yn gwbod am stori'r ferch oedd yn byw yng Nghefn Ydfa. Daeth ei hanturiaethau hi a'i chariad Wil Hopcyn yn rhan o chwedloniaeth Cymru a rhoddodd stori ramant dorcalonnus i ni. Y dyn lleol a ddaeth draw i rannu'r stori yn y Tŷ Cornel oedd Gareth Huw Ifan.

'Ann Thomas oedd aeres fferm Cefn Ydfa. Mae'r fferm yn dal yno heddi'. Beth bynnag, roedd angen gwneud rhyw waith ar y tŷ, a boi lleol o'r enw Wil Hopcyn gafodd ei alw i wneud y gwaith – adnewyddu'r to wnaeth e dw i'n credu. Pan welodd Ann Wil, roedd hi wedi syrthio mewn cariad, a fe gyda hi hefyd. Ond roedd un person yn gwbl anhapus gyda'r sefyllfa sef mam Ann, Catherine. Roedd ganddi hi gynlluniau carwriaethol ei hun ar gyfer ei merch. Roedd yn benderfynol y byddai Ann yn priodi Anthony Maddock, oedd yn gyfreithiwr lawr y cwm.

'Ond doedd cynlluniau'r fam ddim yn ddigon i roi stop ar gariad Wil ac Ann ac aeth y ddau ati i gadw mewn cysylltiad trwy lythyru'n gyson at ei gilydd a threfnu cwrdda'n ddirgel pryd bynnag roedd hynny'n bosib. Ond, daeth cymhlethdod arall. Roedd un o forwynion Cefn Ydfa hefyd yn ffansïo Wil, ac roedd ei heiddigedd o Ann yn ddigon i wneud iddi fynd at Catherine y fam a dweud popeth wrthi am yr hyn roedd ei merch yn ei wneud y tu ôl i'w chefn. Tynnodd y fam bob darn o babur a phob pìn sgrifennu bant oddi wrth Ann a'i gwahardd rhag gweld Wil.

'Roedd Wil wedi sgrifennu pennill ynglŷn ag Ann y forwyn,

Mae Ann Llewelyn felan,
Yn fy marnu drach fy nghefan;
Ond ni all wella'm gwedd a'm gwaith,
Y neidr fraith anniban.

Doedd ganddo ddim llawer o feddwl ohoni mae'n amlwg! Ond doedd gweithred Ann Llewelyn hyd yn oed ddim yn ddigon i roi stop ar y garwriaeth. Y tu fas i fferm Cefn Ydfa roedd 'na goeden sycamorwydden, mae'n dal yno, ac fe feddyliodd Ann am gynllun arall. Tynnodd ambell ddeilen oddi ar y goeden, cymrodd un o'i phinnau gwallt a thorri croen ei braich er mwyn tynnu gwaed. Gyda'r pìn wedyn sgrifennodd nodyn mewn gwaed ar y ddeilen a'i chuddio mewn man lle roedd Wil yn gallu ei ffindo.'

Bois bach, arhoswch am eiliad, mae angen hances! Sgrifennu llythyr cariad ar ddeilen gyda'i gwaed ei hun. Mae hon lot gwell nag unrhyw stori y gallai Mills and Boon ei chreu, na Hollywood chwaith. Ac mae mwy i ddod!

'Roedd Catherine hefyd wedi gwneud yn siŵr na fyddai neb arall yn ardal Llangynwyd yn rhoi gwaith i Wil ac aeth pethe'n eitha gwael iddo fe yn hynny o beth. Bu'n rhaid i Ann briodi Maddocks yn y diwedd a chafodd y ddau blentyn hefyd. Ond, yn ystod yr enedigaeth, aeth Ann yn dost iawn, iawn. Roedd hyn yn 1727. Toddwyd calon Catherine hyd yn oed gan waeledd Ann ac yn y diwedd bu'n rhaid i Catherine gydnabod iddi ei hunan mai dim ond un peth allai ddod yn agos at gynnig cysur, os nad gwellhad, i Ann. Trefnodd fod Wil Hopcyn yn derbyn neges yn dweud pa mor wael oedd Ann ac yn ei wahodd i ddod draw i'w gweld.

'Ar y pryd, roedd Wil ym Mryste a'r funud gafodd e'r neges, fe neidiodd ar gefn ei geffyl a marchogaeth drwy'r nos er mwyn bod gydag Ann. Cyrhaeddodd ochr ei gwely, lle roedd yn gorwedd yn wan ac yn wael. Cydiodd Wil ynddi a rhoddodd hi ei breichiau o'i amgylch e – a bu hi farw yn ei freichiau!'

Wel, 'na chi stori drist! Roedd calon Wil druan wedi ei chwalu'n yfflon. Mae Wil ac Ann wedi eu claddu yn eglwys Llangynwyd. Mae carreg fedd Wil yn y fynwent tu fas ac mae carreg goffa i Ann y tu fewn i'r eglwys. Fel sy'n dal yn wir heddi', mae stori am dor-calon yn gallu ysbrydoli cân neu gerdd odidog i gofnodi teimladau dwys. Daeth un o ganeuon gwerin gorau Cymru o'r stori hon ac mae Wil yn dweud ei deimladau'n glir iawn yn y gân 'Bugeilio'r Gwenith Gwyn'. Bu farw Wil Hopcyn yn 1741, yn ddi-briod.

Mi sydd fachgen ifanc ffôl
  Yn byw yn ôl fy ffansi,
Myfi'n bugeilio'r gwenith gwyn,
  Ac arall yn ei fedi.
Pam na ddeui ar fy ôl
  Ryw ddydd ar ôl ei gilydd?
Gwaith 'r wy'n dy weld, y feinir fach,
  Yn lanach lanach beunydd!

Glanach glanach wyt bob dydd,
  Neu fi sy â'm ffydd yn ffolach;
Er mwyn y Gŵr a wnaeth dy wedd,
  Dod im drugaredd bellach.
Cwn yma'th ben, gwêl acw draw,
  Rho imi'th law wen dirion;
Gwaith yn dy fynwes bert ei thro
  Mae allwedd clo fy nghalon.

Tra fo dŵr y môr yn hallt,
  A thra fo 'ngwallt yn tyfu,
A thra fo calon dan fy mron
  Mi fydda'n ffyddlon iti;
Dywed imi'r gwir heb gêl,
  A rho dan sêl d'atebion,
P'un ai myfi ai arall, gwen,
  Sydd orau gen dy galon?

> *Blodeugerdd Rhydychen o Farddoniaeth Gymraeg*,
> gol. Thomas Parry (Gwasg Prifysgol Rhydychen)

Dyna'r fersiwn boblogaidd sy'n cael ei chanu hyd heddi'.
Ond roedd 'na ddau bennill arall gyda'r gwreiddiol.

Codais heddiw gyda'r wawr,
  Gan frysio'n fawr fy lludded,
Fel cawn gusanu ôl dy droed,
  Fu ar hyd y coed yn cerdded:

> Cwyd fy mhen o'r galar maith
> A serchus iaith gwarineb,
> Cans gwell na byd i'r mab a'th gar
> Yw golwg ar dy wyneb.
>
> Tydi yw'r mab a garaf mwy,
> Ti roddaist glwy' i'm dwyfron
> A serch tuag atat sy'n mawrhau
> A llanw ciliau'm calon:
> Awn i Langynwyd gyda'r dydd
> Er profi'm ffydd cadarna'
> Cei roddi'r fodrwy'n sêl o'th serch
> I'r ferch o Gefen Ydfa.

Ond, cyn i chi wirioni'n llwyr ar yr holl stori a mynd yn un twlpyn emosiynol, sdim pawb yn credu bod y stori'n wir yn y lle cynta! Roedd Alan James yn ddigon dewr i fentro draw i'r Tŷ Cornel i godi'r amheuon.

'Mae'n anodd iawn profi'r cysylltiad rhwng Ann a Wil a dweud y gwir. Mae'r gân a'r stori wedi tyfu dros amser hir ond yn gwbl annibynnol i'w gilydd. Doedd y cysylltiad rhyngddyn nhw ddim wedi dod i'r amlwg tan rhyw 1845. Fe sgrifennodd gwraig ficer Llangynwyd stori ym mhapur newydd y *Cambrian* yn cysylltu'r gân gyda stori Wil ac Ann a dyna ddechrau'r cysylltiad go iawn. Ond pwy ydw i i ddweud nad yw e'n wir er gwaetha'r diffyg prawf? Mae'n chwedl ma pobol yn ei chredu, mae'n draddodiad cryf, felly pam lai? Mae'n atgoffa fi o rywbeth ddywedodd y bardd T. H. Parry Williams. Gofynnodd rhywun iddo un tro, wedi iddo wneud cyfeiriad at dylwyth teg, "Dy'ch chi ddim yn awgrymu fod yna'r fath beth â thylwyth teg?" Ac yntau'n ateb, "O na, na, na. Ond maen nhw'n bod!"'

Beirdd ac ysbrydion

Ar ôl stori papur newydd gwraig y ficer, roedd un peth arall wedi helpu stori'r Ferch o Gefn Ydfa i ledu'r tu fas i ardal Llangynwyd a Morgannwg. Un o fois y pentre oedd dyn â'r enw crand Cadrawd. T. C. Evans oedd ei enw go iawn ac roedd yn fardd ac yn awdur, yn un o ddisgyblion amlyca Iolo Morganwg. Roedd yn byw yn y pentre ac mae hewl wedi ei henwi ar ei ôl yn Llangynwyd heddi'. Roedd yn foi mawr am gofnodi hanes lleol, yn wir, hanes Morgannwg i gyd. Yn 1877 cyhoeddodd *The History of Llangynwyd*, oedd yn ffactor pwysig wrth ledaenu stori'r Ferch o Gefn Ydfa ymhellach.

Mae 'na hen enw ar yr ardal lle mae Llangynwyd, sef Tir Iarll, sy hefyd yn cynnwys plwyfi Betws, Cynffig a Margam. Fel bardd o'r ardal, roedd Cadrawd yn perthyn i hen, hen draddodiad o feirdd lleol oedd yn ymestyn 'nôl at y Canol Oesoedd. Maen nhw'n cael eu hadnabod fel Beirdd Tir Iarll. Mor bell 'nôl ag un pump rhywbeth neu'i gilydd, roedd Beirdd Tir Iarll yn cyfarfod mewn fferm arall yn yr ardal, sef Llwydarth. Roedd ganddyn nhw enwau eitha crand, mae'n rhaid dweud – Rhys Brydydd, Dafydd Benwyn, Ieuan Gethin ap Ieuan ap Lleision a Iorwerth Fynglwyd i enwi ond rhai. Ond dyw Gwilym Tew ddim yn swnio cweit yr un peth â'r lleill rhywsut a druan o Ieuan Tew Hen!

Ond os oedd beirdd yn ddigon cyffredin yn yr ardal, roedd 'na rywbeth arall yn ddigon amlwg hefyd ac yn dal yn amlwg iawn heddi'. Ysbrydion! Adfeilion yw'r Cefn Ydfa gwreiddiol nawr, a thŷ fferm wrth ei ymyl. Ond mae 'na sôn bod ysbryd i'w weld yn yr adfeilion o bryd i'w gilydd. Pwy yw e, neu hi, tybed?

Mae'r Tŷ Cornel ei hun yn llawn straeon am ysbrydion, rhai sy'n sicr yn gwneud i chi feddwl. Dros y blynyddoedd mae tafarnwyr wedi cloi'r drws gyda'r nos ond erbyn y bore mae e led y pen ar agor a dim byd wedi cael ei ddwyn. Ar achlysuron eraill mae pobol wedi gweld dynion mewn crysau gwynion a lifrai milwyr Oliver Cromwell. Ond fuodd byddin Cromwell ddim yn agos at Langynwyd. Mae eraill wedi gweld siâp du yn y cysgodion heb ffurf i'w wyneb o gwbl, a phryd arall, pan mae'r dafarn yn wag, mae pobol wedi clywed sŵn chwerthin a sgwrsio yn dod o gyfeiriad y bar. Ond does dim sôn taw gwraig un o'r tafarnwyr o gyfnod dros ganrif yn ôl yw un o'r ysbrydion. Roedd y wraig, o'r enw Fanny, wedi crogi ei hun yn y dafarn yn 1873.

Pryd bynnag mae un o'r ysbrydion hyn i'w weld neu ei glywed, yr ymateb arferol gan y pentrefwyr yw dweud, 'Ma Wil ar hyd lle 'to!' A'r Wil maen nhw'n cyfeirio ato? Wel, ie, Wil Hopcyn ei hun. Roedd e'n byw yn y Tŷ Cornel am gyfnod ac ers iddo farw dywedir bod ei ysbryd yn dal i grwydro'r stafelloedd a'r coridorau, ac yntau nawr yn cael marw 'yn ôl ei ffansi'.

Y Fari Lwyd a phwnco

O'r ysbrydion at benglog ceffyl nesa – mae bywyd yn sicr yn ddigon difyr yn Llangynwyd! Dyma i chi un o'r mannau prin yng Nghymru lle mae hen draddodiad y Fari Lwyd yn dal i gael ei gynnal bob blwyddyn. Ar noswyl yr Hen Galan Celtaidd, sef 13 Ionawr, mae rhywun yn yr ardal yn gwisgo penglog ceffyl ac yn cwato dan flanced gwyn. Lan â nhw at ddrws y Tŷ Cornel gan ei guro'n gadarn a dechrau canu penillion y Fari Lwyd. Y dasg yw bod pobol y Fari Lwyd yn gofyn am wahoddiad i fynd mewn am fwyd a diod. Mae'r canu ar ffurf cwestiwn ac ateb – y Fari Lwyd yn gofyn y cwestiwn ac yna rhywun y tu mewn yn ateb gyda phennill. Yr un sy'n llwyddo i ganu pennill heb i'r llall allu ei ateb sy'n ennill. Mae'n gallu mynd 'mlaen a 'mlaen a 'mlaen! Os mai'r Fari Lwyd sy'n ennill, rhaid agor y drws iddyn nhw ddod mewn i gael lluniaeth. Os mai'r bobol tu mewn sy'n ennill, gall y drws aros ynghau a 'mlaen â'r Fari Lwyd i drio rhywle arall. Mae sawl fersiwn wahanol o'r gân ac, wrth gwrs, wedi defnyddio'r penillion arferol i gyd mae'n rhaid meddwl am rai newydd ar y pryd er mwyn parhau â'r frwydr ganu a'r llinellau wedyn yn gallu mynd yn fwy a mwy personol! 'Pwnco' yw'r enw ar y canu 'nôl a 'mlaen hyn. Dyma un o ganeuon mwya poblogaidd Llangynwyd. Wel, rhan ohoni ta beth.

Wel, dyma ni'n dwad
Gyfeillion diniwad,
Wel, dyma ni'n dwad,
Gyfeillion diniwad,
I ofyn cawn gennad,
I ofyn cawn gennad,
I ofyn cawn gennad i ganu.

(Ateb)
Rhowch glywed wŷr doethion,
Pa faint y'ch o ddynion,
A pheth yn eich union
Yw'ch enwau?

(Y Fari Lwyd)
Os na chawn ni gennad
Rhowch glywed ar ganiad
Pa fodd mae'r 'madawiad
Nos heno.

(Ateb)
Does gen i ddim cinio
Nac arian i'w wario
I wneud i chwi groeso
Nos heno.

Sdim rhyfedd bod union ystyr y Fari Lwyd, ac arwyddocâd y ceffyl yn benodol, braidd yn aneglur heddi', a hithau'n draddodiad sy'n ganrifoedd oed. Ond, yn ôl y sôn, mae ynghlwm â phwysigrwydd y ceffyl i'r Celtiaid ac mae rhai'n sôn am y ceffyl fel arwydd o ffrwythlondeb ac eraill yn sôn amdano fel symbol bwysig o dreftadaeth amaethyddol Cymru. Mae Alan James yn gallu dweud mwy am yr hen arfer Celtaidd hwn.

'Mae'r stori'n mynd 'nôl i'r cyfnod pan oedd pobol yn dibynnu ar y pwerau o'r tu fas i esbonio pethe, pwerau natur a'r duwiau ac ati. Yn nyddiau tywyll, llwm y gaeaf pan nad oedd dim yn tyfu, roedd yn rhaid byw mewn ffydd y byddai'r gwanwyn yn dod â bywyd newydd yn ei sgil. Ma rhagolygon y tywydd gyda ni heddi'! O ganlyniad roedd yn arfer i aberthu anifeiliad amrywiol ar wahanol adegau o'r flwyddyn, fel Heuldro'r Gaeaf er enghraifft. Roedd yn ddefod i hybu tyfiant yn y flwyddyn newydd oedd i ddod.'

Mae'n siŵr i symboliaeth pen y ceffyl fagu pob un o'r ystyron posib wrth i'r canrifoedd fynd yn eu blaenau. Ond does dim dwywaith bod blas paganaidd iddo. Roedd paratoi'r penglog yn waith gofalus. Roedd yn cael ei gladdu mewn calch am dri mis cyn iddo gael ei sgrwbo'n lân, ei wisgo a'i wneud i edrych yn bert gyda rhubanau ac ati.

Maen nhw wedi bod yn anrhydeddu traddodiad y Fari Lwyd yn Llangynwyd ers cyn cof, bron yn ddi-dor hefyd. Mae traddodiadau eraill wedi hen ddiflannu ond diolch byth bod hwn yn para i'n hatgoffa o un oes a fu yn ein hanes.

Glöwr, Castell Coch a thywysog dan domen

Cyn eich bod chi'n gadael y pentre, rhowch un pip arall yn y fynwent a chwiliwch am fedd dyn o'r enw Vernon Hartshorn. Boi lleol oedd e a fe oedd y glöwr cynta i fod yn aelod o gabinet Llywodraeth Prydain. Sdim lot o bobol yn gwbod hynna! Roedd yn asiant i lowyr ardal Maesteg, yn Aelod Seneddol Ogwr yn 1918, yn Bostfeistr Cyffredinol yn y Llywodraeth Lafur gynta ac yna'n ddim llai nag Arglwydd y Sêl Gyfrin.

Wrth fynd mas o Langynwyd a lawr y rhiw â'r Tŷ Cornel y tu ôl i chi, mae un man arall i'w weld, Castell Coch. Na, nid yr un modern ar gyrion Caerdydd. Hen gastell yw hwn a godwyd gan Iarll Caerloyw, un iarll ymhlith nifer a fu yn yr ardal a roddodd eu henwau i Dir Iarll. Fe wnaeth e ddwyn y tir oddi wrth Cadwallon, un o'r Uchelwyr Cymreig. Ar 13 Gorffennaf 1257 roedd y Cymry wedi ymosod ar y castell dan arweiniad neb llai na Llywelyn Ein Llyw Olaf. Lladdwyd 24 o filwyr yr Iarll a llosgwyd y castell pren yn ulw gols.

Codwyd castell o gerrig wedyn, ond ymosododd y Cymry ar hwnnw hefyd. Madog ap Llywelyn a Morgan ap Maredudd arweiniodd yr ymgyrch hwn. Llosgodd y Cymry gymaint o'r castell hwn ag y gallen nhw hefyd a bu'n rhaid i'r Iarll oedd yno ar y pryd ffoi am ei fywyd, ac aeth e byth 'nôl yna. Ei ail wraig gymrodd awenau'r castell wedyn ac roedd hi'n ferch i'r Brenin Edward I.

Un diwrnod, ym mlynyddoedd cynta'r bedwaredd ganrif ar ddeg, daeth cnoc ar ddrws y castell. Yno, roedd neb llai nag Edward II. Fe oedd tywysog Seisnig cynta Cymru er iddo gael ei eni yng Nghastell Caernarfon. Ond, gwrthododd pwy bynnag oedd yn byw yn y castell adael i Edward ddod mewn. Roedd ar ffo am ei fywyd ta beth, felly beth wnaeth e oedd mynd i weithio fel gwas gwartheg ar fferm Gelli Lenor tu fas i'r pentre. Pan ddaeth y milwyr i chwilio amdano, cwatodd o dan domen o ddail! Mae hen garreg ar y fferm 'na nawr â'r geiriau 'Cadair Edward II 1327' arni. Am ddelwedd – brenin Lloegr yn cuddio o dan domen o ddail ar gae tu fas i Langynwyd! Dyma'r tywysog maen nhw'n canu amdano yn anthem rygbi'r Albanwyr, 'Flower of Scotland', mewn llinell yn y gytgan, '... and sent him homeward to think again!' ar ôl i Robert the Bruce ei drechu mewn brwydr.

Pws
wrth y bar
Y Tŷ Cornel

O diar, 'ma ni 'nôl at ysbrydion unwaith 'to! Ges i brofiad rhyfedd yn y Tŷ Cornel. Wrth i ni ffilmio, roedd stand un o'r goleuade wrth fy ymyl wedi ei ymestyn i'r taldra angenrheidiol. Yn sydyn reit, 'ma'r stand yn dechre disgyn yn is ac yn is. Ma hynny'n digwydd ambell waith, felly 'nes i ddim meddwl dim mwy, tan iddo ddechre codi 'nôl lan eto ar ei ben ei hun! O mowredd, 'na beth oedd ofn. Roedd 'na lwyth o straeon arswyd yn y dafarn beth bynnag, a 'na fi wedi ychwanegu un arall at y casgliad.

Heblaw am yr ysbryd arbennig yna roedd 'na deimlad gwahanol yn perthyn i'r Tŷ Cornel ta beth. Ma mynd mewn i ambell dafarn yn rhoi'r argraff o fynd drwy ddrws at ryw fyd neu gyfnod arall. Ces i brofiad fel'na yn y Tŷ Cornel. Nid o angenrheidrwydd achos y ffordd ma'r dafarn wedi'i haddurno, na'r creirie sy o gwmpas y lle, ond achos y cysylltiade amrywiol: y Ferch o Gefn Ydfa a'r Fari Lwyd yn fwy na dim arall. A chan fod y dafarn gyferbyn â'r eglwys a'r golofn garreg ar y sgwâr, mae'n 'neud i chi deimlo'n rhan o rywbeth hynafol. A diolch byth, does dim byd tebyg i *fruit machines* yn y Tŷ Cornel i ddifetha'r awyrgylch!

Ges i yffach o job yn dysgu'r ffordd i 'bwnco', i ganu penillion 'nôl at fois y Fari Lwyd oedd yn curo'r drws. Mae'n dôn ryfedd a dweud y gwir ac yn anodd i gael geirie i'w ffito'n iawn. Dyw hi ddim yn ymddangos fel tase rhythm neu batrwm ond ma hi fel petai'n gweithio ta beth.

Dyma enghraifft arall o anghytuno mowr ynglŷn â pha mor wir oedd un o'r straeon. Wedi clywed holl ramant teimladwy stori'r Ferch o Gefn Ydfa gan un o'r bobol leol, fe glywon ni un arall yn amau rhai o'r ffeithiau ma'r stori'n seiliedig arnyn nhw. Daeth hynna'n amlwg mewn sawl lle – yn aml ma 'na wahaniaeth rhwng chwedle lleol a'r ffeithie hanesyddol. Ond does dim ots am hynny. Ma'n grêt clywed yr holl chwedle'n cael eu hadrodd gan bobol leol. Ma'n nhw'n credu eu bod nhw'n wir ac ma'r straeon wedi cyfoethogi bywyd sawl tafarn ac ardal ar hyd y canrifoedd. Gobeithio byddan nhw'n para i wneud hynny.

6

Douglas Arms, Bethesda

MAE'R DAFARN HON mewn tre sy mewn man anghyfforddus dros ben, yn gorwedd fel y mae ar lannau afon Ogwen ac ar hewl fawr yr A5. Ac ar ben hynny, dyma chi dwll mwya'r byd – sori, dyma chi ble mae twll mwya'r byd! Sori, bobol Bethesda! Mae'r Douglas Arms yng nghanol tre Bethesda, neu 'Pesda' fel maen nhw'n dweud yn lleol. Mae'r dre'n enwog am ddau beth: lot o gapeli a lot o dafarnau. 'Na beth yw cadw pawb yn hapus. Cafodd y lle ei enwi ar ôl capel mawr ysblennydd sy erbyn hyn wedi ei droi'n fflatiau. Ond mae lot mwy o'r tafarnau'n dal ar ôl. Mae'n dre sy'n enwog am ei chwarel, ei bandiau roc a'i llenorion hefyd. Mae'r dafarn, yn union fel y Pic yn Rhydaman, yn rhan annatod o ddiwydiant yr ardal a'r gweithwyr fu'n cadw'r lle ar agor am ddegawdau lawer. Ond dyw hi ddim fel unrhyw dafarn arall am o leia ddau reswm cwbl wahanol, fel y cewch chi weld nes 'mlaen.

Telford a'r hewl fawr

Mas â chi drwy ddrws ffrynt y Douglas ac rydych chi ar hewl yr A5, y draffordd gynta yn y byd medden nhw. Mae hynna'n dipyn o ddweud, ond y rheswm pam mae'n cael ei ddweud yw bod yr A5 heddi' ar safle'r hewl fawr oedd yn mynd o Lundain i Ynys Môn er mwyn gallu cysylltu Llundain â Dulyn dipyn cynt. Cafodd Prydain ac Iwerddon eu huno gan Ddeddf Uno 1800 ac roedd Llywodraeth Prydain am adeiladu ffordd gyflym i fynd o un lle i'r llall. Yr athrylith Thomas Telford gafodd y gwaith adeiladu a'r hyn wnaeth ef yn y diwedd oedd adeiladu'r hewl fwya dyfeisgar a thrawiadol i gael ei hagor drwy holl gyfnod y Chwyldro Diwydiannol. Daeth y gwaith i ben pan agorwyd y bont anhygoel ar draws y Fenai yn 1826. Costiodd y gwaith hwn ffortiwn – tua £50,000 – ac fe wnaeth tirfeddianwyr Bethesda a'r ardal ehangach ychwanegu cryn dipyn at y costau trwy ofyn am iawndal sylweddol!

Un rheswm dros agor hewl o'r fath oedd er mwyn gallu mynd â'r post yn gynt o Lundain i Iwerddon. Felly roedd yn rhaid gwneud yn siŵr nad oedd yr hewl yn rhy serth mewn unrhyw fan rhag ofn na fyddai coets y post yn gallu ei dringo. Roedd hynny'n dipyn o sialens yng ngogledd Cymru fel y gallwch chi ddychmygu, yn enwedig yn ardal Bethesda. Dyma oedd y darn adeiladu mwya anodd yn dechnegol ar hyd y daith i gyd. Roedd yn rhaid torri drwy Fwlch Nant Ffrancon gan agor ffordd rhwng Capel Curig a Bethesda. Fe gewch chi syniad o ba fath o sialens oedd yn wynebu Telford wrth gofio bod criw'r ffilmiau *Carry On* wedi ffilmio *Carry On Up the Khyber* yn Eryri, a jocan bod y Khyber Pass yn y mynyddoedd hyn! Yn yr 1950au, cafodd y ffilm *The Inn of the Sixth Happiness* ei ffilmio yn Eryri hefyd, ac Ingrid Bergman yn chwarae rhan y genhades Gladys Aylward. Bryd hynny, mynyddoedd China oedd mynyddoedd yr ardal. Tipyn o gamp oedd codi unrhyw hewl yno yn y dyddiau hynny, heb sôn am lwyddo i godi hewl oedd ddim yn mynd lan a lawr fel hen fathodyn Plaid Cymru.

Mae'r dre wedi datblygu bob ochr i'r ffordd fawr yma. Dros

ddeng mlynedd yn ôl, roedd gwaith archeolegol yn dangos bod lot fawr o olion ffordd wreiddiol Telford yn dal yno, o dan lwybr yr A5 modern, a hynny er bod academyddion wedi hen gredu nad oedd dim olion ar ôl o gwbl yng ngogledd Cymru. Cawson nhw eitha syrpréis ar ôl gweithio ar y safle am flwyddyn a hanner, a sylweddoli bod bron i 40% o waith Telford yn dal yno i'w weld. Mae hyd yn oed ambell wal garreg a godwyd gan Telford yn dal yno, bron i 200 mlynedd ers eu codi!

Wrth i fwy a mwy o bobol deithio ar hyd yr hewl newydd 'ma, roedd angen rhywle iddyn nhw aros. Codwyd nifer o westai ar hyd y ffordd, a'r Douglas Arms yn un ohonyn nhw.

Douglas, Penrhyn a Phennant

Uwchben drws ffrynt y Douglas Arms mae arfbais fawr grand sy siŵr o fod yn rhoi cliw i ateb y cwestiwn: pam mae enw dyn ar y dafarn hon? Y ledi sy'n gwbod yr ateb yw Christine Edwards, ac nid jyst unrhyw ledi yw hi chwaith, mae'n landledi.

'Mae'r arfbais uwchben y drws yn perthyn i Gordon Douglas. Roedden nhw'n deulu o'r Alban, fel mae'r enw'n awgrymu, ac yn dirfeddianwyr. Roedd y teulu Pennant yn deulu lleol a daeth y ddau enw at ei gilydd pan wnaeth un Douglas briodi un Pennant. Doedd dim rhaid iddyn nhw uno'r enwau pryd hynny, ond roedd un Pennant, tad yng nghyfraith Douglas, wedi dweud na fyddai'n etifeddu dim ar ôl ei farwolaeth os na fyddai'n ychwanegu enw ei wraig cyn priodi at ei enw yntau! Heb fawr syndod, mi gytunodd.'

Mae'n siŵr y byddai e wedi cymryd ei henw cynta hi er mwyn sicrhau'r etifeddiaeth. Dychmygwch: yr Arglwydd Gwladys Douglas! Ta beth, y teulu hwn oedd berchen ar y chwarel enfawr ym Methesda, twll mwya'r byd. Roedd teulu Ystâd y Penrhyn, ystâd Douglas Pennant, yn bobol gyfoethog iawn. Cyn dyddiau hewl Telford, roedd yr Arglwydd Penrhyn wedi adeiladu hewl ei hun. Fe godon nhw nifer fawr o adeiladau yn yr ardal gan gynnwys y Douglas Arms. Wnaethon nhw eu harian mwya mas yn y diwydiant siwgwr yn Jamaica a dyna'r arian aeth i agor a datblygu chwarel Bethesda. Mae un dyn lleol, J. Elwyn Hughes, yn gwbod lot am y teulu hwn.

'Mae teulu Ystâd y Penrhyn yn mynd 'nôl ganrifoedd. Roedden nhw'n byw mewn plasdy pren yn y canol oesoedd ar y safle lle mae'r castell go iawn heddiw, bron â bod. Dipyn wedi'r dyddiau hynny, daeth gŵr o Lerpwl, Richard Pennant, a phriodi etifeddes Ystâd y Penrhyn, Ann Susanna, a dyna ddechrau cyfnod newydd yn hanes yr Ystâd. Richard Pennant oedd yr un fanteisiodd ar yr holl gyfoeth oedd gan ei dad John ar y stadau siwgwr yn Jamaica. Pan gafodd o'r arian ar ôl ei dad yn 1781, mi ddechreuodd agor y twll enfawr a drodd yn chwarel. Mi aeth yn ei flaen i gyflogi miloedd o ddynion. Felly, gellir dweud mai oherwydd Jamaica mae Bethesda'n bod.'

Mae teulu Christine yn gweini cwrw i dorri syched chwarelwyr yn y Douglas ers 1913. Roedden nhw'n rhentu ar y dechrau ond yna yn 1939 bu farw un o blith teulu Douglas Pennant. Roedd y dreth farwolaeth mor uchel, roedd yn rhaid i'r teulu werthu rhai o'u hadeiladau i gael digon o arian i'w thalu. Roedd hyn yn cynnwys y Douglas Arms. Prynwyd y lle gan fam-gu a thad-cu Christine. Mae'n siŵr y bydd dathlu mawr y flwyddyn nesa pan fyddan nhw'n nodi canmlwyddiant cysylltiad y teulu gyda'r dafarn. Tipyn o gamp!

Streic!

Fel mewn sawl lle gwaith arall lle mae miloedd o weithwyr, roedd 'na drafferthion yn y chwarel o bryd i'w gilydd. Ond aeth pethe o ddrwg i waeth pan gymrodd un arall o'r teulu drosodd. Dyn o'r enw George Sholto Douglas Pennant oedd hwn. Ar un llaw roedd yn gyflogwr da am iddo godi ysbytai ac ysgolion ac ati. Ond, roedd hynny ar yr amod ei fod yn cael ufudd-dod llwyr ei weithwyr. Os na, lwc owt! Roedd ei dad ei hun wedi dweud wrth y gweithwyr am beidio â chroesi'r mab, achos na fyddai'r mab fyth yn maddau i unrhyw un a fyddai'n mynd yn ei erbyn. Boi neis!

'Daeth bygythiad y tad yn wirionedd oer iawn tua diwedd y ganrif cyn diwetha,' meddai'r arch hanesydd, John Davies. 'Yn 1896/97 roedd streic fawr a barodd am un mis ar ddeg. Hon oedd rhagflaenydd y Streic Fawr a ddigwyddodd yn y chwarel rhyw ddwy neu dair blynedd yn ddiweddarach pan fu'r gweithwyr allan ar streic am dair blynedd. Dyw hi'n ddim syndod mai hon yw'r streic hwya yn hanes undebaeth lafur ym Mhrydain.'

Mas ar streic am dair blynedd, mae'n anodd credu'r peth. Roedd blwyddyn o streic y glowyr yn yr 1980au yn ddigon o straen, fel clywon ni yn y Pic yn Rhydaman. Gwrthwynebu amodau eu gwaith oedd y chwarelwyr am eu bod yn gorfod gweithio ar wyneb y graig yn y chwarel ym mhob tywydd heb unrhyw ddiogelwch. Roedden nhw'n awyddus i sicrhau isafswm cyflog hefyd ond doedd y 'Lord' ddim am ildio modfedd.

Roedd hi'n amser caled iawn i bobol Bethesda yr adeg hynny, a'r lle yn ferw o emosiwn. Nid yn unig roedd yn rhaid byw heb arian yn dod i'r cartrefi, ond daeth adeg pan oedd pobol yn troi yn erbyn ei gilydd hefyd. Rhoddwyd posteri yn ffenestri lot fawr o'r tai yn datgan nad oedd bradwr yn y tŷ hwn. Cafodd bradwyr eu diarddel o'r capeli. Mae stori am un bradwr yn dweud wrth un o hen wragedd y dre, 'Mi ges i sofran gan yr Arglwydd Penrhyn!' 'Do' medde hi 'nôl wrtho, 'ac mi wnaeth o Jiwdas ohonot!'

Y bradwyr oedd y rhai a ddewisodd dorri'r streic a mynd 'nôl i weithio; 'scabs' roedden nhw'n cael eu galw yn ystod streic y glowyr. Torrwyd ffenestri tai nifer o'r bradwyr. Roedd gwragedd rhai o'r bradwyr yn gorfod cael plismyn i fynd â nhw i'r siop gan fod gwragedd y streicwyr yn ymosod arnyn nhw. Doedd fawr ddim bwyd i'w gael erbyn diwedd y streic ac roedd crystau bara yn aml yn gorfod gwneud y tro fel pryd o fwyd. Roedd gwragedd nifer o'r streicwyr yn cuddio yn y coed wrth ymyl yr afon i weiddi a sgrechian ar y bradwyr ar eu taith i'r gwaith. Roedd nifer o'r gwragedd yn chwythu i gregyn y môr i godi twrw a dangos eu hanfodlonrwydd.

Cyfnod anodd iawn i'r ardal oedd hwn ac mae creithiau'r rhwyg a grëwyd rhwng teulu a theulu a rhwng un rhan o gymuned a rhan arall, yn dal yn fyw yn y cof.
'Chwalwyd y gymdeithas yn sicr. O hynny 'mlaen fu Bethesda, na'r chwarel yn sicr, byth yr un fath.'
Mae'r hanesydd John Davies yn edrych 'nôl ar y streic heddi' wrth iddo alw yn y Douglas Arms, ac mae'n dweud bod un agwedd amlwg ymhlith streicwyr y cyfnod.
'Mae rhywun wrth edrych ar hanes y streic yna yn teimlo bod angen diodde ar bobol, yn enwedig wrth i'r streic lusgo 'mlaen. Rhyw deimlad Calfinaidd bron, bod y diodde yn dda i chi. Roedd crefydd yn ddylanwad cryf iawn yn yr ardal yma wrth gwrs. Ma edrych ar adeiladau crand y capeli i gyd – a chymaint ohonyn nhw – yn dangos y byddai cyfran sylweddol o gyflog y chwarelwyr wedi mynd tuag at eu codi.'
Ac ar ben hynny, ystyr yr enw Bethesda yw Tŷ Heddwch. Enw digon eironig o ystyried y brwydro caled a fu am dair blynedd yn ystod Streic Fawr y Penrhyn.

Pwdin ac emyn

Ond doedd cyfnod y streic ddim yn ddu i gyd. Cawson nhw gefnogaeth gan bobol a chymunedau eraill o bell ac agos ac roedd un rhodd i'r dre yn ddigon anarferol. Un dydd, daeth pwdin Nadolig yn pwyso dwy dunnell ar hyd ffordd Telford. Fe'i torrwyd yn ddarnau a'i ddosbarthu i'r tlodion.

A gan ein bod yng Nghymru'r capeli aeth rhywun ati i addasu emyn i nodi'r fath rodd.

> Wele cawsom ym Methesda
> Y pwdin gorau gaed erioed,
> Chlywodd Young na'r Arglwydd Penrhyn
> Ddim amdano cyn ei ddod,
> Pwdin yw, du ei liw,
> Y gorau brofodd neb yn fyw.

Ar y dôn 'Wyddgrug' mae ei chanu gyda llaw!

Golau lleuad, Maffia ac anifeiliaid blewog

Streic neu beidio, mae'n amlwg bod hiwmor naturiol yn cynnal ysbryd y gweithwyr drwy bob caledi yn ôl yr 'emyn' hon. Cadwyd ffraethineb naturiol y chwarelwr hefyd gydag ymadroddion llafar bywiog tu hwnt. Mae sôn am un cymeriad, Wil Reach, yn cael ei holi un dydd a oedd yn gallu siarad Saesneg. 'Gallaf,' meddai yn ôl, 'os ca i bwyso yn erbyn wal!' Mae dywediadau fel'na yn cyfoethogi unrhyw iaith.

Ers y streic, daeth Bethesda yn un feithrinfa fawr i bobol greadigol mewn sawl maes. Cafodd y llenor mwya adnabyddus ohonyn nhw i gyd, ac un o lenorion mwya adnabyddus Cymru gyfan, ei eni mewn tŷ o'r enw Llwyn Onn ym Methesda. Caradog Prichard oedd y dyn a fe sgrifennodd y llyfr sy'n cael ei ystyried yn nofel orau'r Gymraeg yn yr ugeinfed ganrif, *Un Nos Ola Leuad*. Mae'n rhaid bod e'n eitha da 'te!

Mae cadair eisteddfodol gynta Caradog yn y Douglas Arms, felly cewch fwynhau peint ar orsedd prifardd. Enillodd e'r Goron yn Eisteddfod Genedlaethol 1927. Newyddiadurwr oedd e a gweithiodd ar sawl papur newydd yn ardal Caernarfon, Llanrwst a Chaerdydd. Symudodd wedyn i fod yn newyddiadurwr yn Llundain am amser hir a bu'n byw yno gyda'i wraig Mati a'i ferch Mari. Ond nid y ddinas enfawr a'i phobol o bob lliw a llun roddodd yr ysbrydoliaeth iddo sgrifennu ei glasur o nofel. Pobol Bethesda oedd wedi tanio ei ddychymyg, pobol ei filltir sgwâr. Mae John Davies yn cofio cael sgwrs gydag e.

'Dw i'n cofio fe'n dweud mai'r hyn oedd e'n lico am Lundain oedd fod Fleet Street, lle roedd e'n gweithio, yr union yr un hyd â Stryd Fawr Bethesda! Ma hwnna'n rhoi rhyw urddas, medde fe, i Lunden!'

Cafodd *Un Nos Ola Leuad* ei chyhoeddi yn 1961 ac erbyn hyn mae wedi ei chyfieithu i ryw naw o ieithoedd gwahanol ac wedi ei gwneud yn ffilm Gymraeg. Cyrhaeddodd yr uchelfannau parchus o gael ei darlledu fel *Afternoon Play* ar Radio 4 yn 1996, yn Saesneg wrth gwrs. Stori wedi'i seilio ar bobol ac ardal cymuned lechi Bethesda yw'r nofel.

Mewn byd hollol wahanol, o Fethesda daeth un o fandiau roc amlyca Cymru yn yr 1980au, Maffia Mr Huws. A'r Mr Huws yn yr enw? Neb llai na'r J. Elwyn Hughes ddwedodd stori teulu Ystâd Penrhyn wrthon ni gynne. Yn ôl y roc-feistr Rhys Mwyn, Maffia wnaeth achub y sîn gerddoriaeth gyfoes Gymraeg yn yr 1980au, gan ei bod yn sîn oedd ar ei thin cyn iddyn nhw ymddangos yn 1981. Roedd eu profiad recordio cynta ar gyfer y rhaglen *Sosban* ar Radio Cymru. Roedd y bois, neu'r hogia mae'n siŵr, yn byw gyda'i gilydd mewn bwthyn ym Methesda a chyn hir roedd ganddyn nhw ffans selog o'r enw'r Maffia Maniacs. Nid o fyd y colegau na'r cyfryngau y daeth Maffia ond o galon cymuned. Yn hynny o beth hefyd, roedden nhw'n wahanol.

Yn ôl Dafydd Rhys, un o sylfaenwyr y gyfres arloesol *Fideo 9*, creodd Maffia gryn ddaeargryn ac mae'n dweud bod y tirgryniadau'n dal i'w teimlo heddi'. Buon nhw'n ddylanwad ar lwyth o gerddorion eraill gan gynnwys yr anhygoel Super Furry Animals. Yn 1994 roedden nhw'n recordio eu trac cynta ar gyfer Radio Cymru, o'r enw 'Dim Brys, Dim Chwys'. Mae Gruff Rhys yn sôn am ddylanwad Maffia arno'n tyfu lan ym Methesda.

Gallwch chi ychwanegu Tynal Tywyll at y rhestr a ddaeth ar y sîn yn hwyrach yn yr 1980au ac i mewn i'r 1990au. Ac i symud i fiwsig hollol wahanol, falle fod yr enw Leila Megane yn fwy cyfarwydd i rai ohonoch. Margaret Jones oedd ei henw iawn hi a chafodd ei geni ym Methesda yn 1891, cyn streiciau mawr y chwarel a chyn i deulu Christine fynd i'r Douglas hyd yn oed! Hi oedd y gantores gynta i recordio gwaith Elgar, 'Sea Pictures', ac roedd Elgar ei hun yn arwain y gerddorfa. Tipyn o gamp! Canodd y mezzo soprano yma yn nhai opera gorau'r byd yn Milan, Efrog Newydd, Rhufain, Paris a Llundain. Ond roedd ei hymddangosiad ola, credwch neu beidio, yn Neuadd y Dre Pwllheli!

Mae cyfraniad Bethesda i'r byd creadigol yn un eitha arbennig mae'n rhaid dweud. Falle fod rhywbeth ym mywyd caled llwch y chwarel wedi naddu rhyw galon greadigol yn y gymuned lechi hon. Y chwarel yn dwll diwaelod a ffynnon greadigol ddiwaelod wedi tarddu yno hefyd mae'n ymddangos. Neu falle fod rhywbeth yn y dŵr!

147 neu 210?

'Na beth braf fyddai gallu ymffrostio i'ch ffrindiau eich bod chi wedi gwneud brêc snwcer sy'n fwy nag unrhyw frêc maen nhw wedi ei wneud! Trwy gwato tamed bach o'r gwirionedd gallwch chi wneud hynny. Lan yn nhafarn y Douglas Arms, Bethesda, mae'n bosib i chi wneud brêc o 210.

'Ma 'na fwrdd snwcer yma lle mae'n bosib i chi gael cymaint â hynny o frêc am un rheswm,' medd Christine. 'Ma 'na fwy o beli ar y bwrdd yn y lle cynta! Mi allwch chi chwarae gêm o'r enw snwcer *plus*, lle ma 'na bêl oren sy werth wyth pwynt a phêl biws sy werth deg pwynt yn rhan o'r gêm hefyd.'

Daeth tad-cu Christine â'r bwrdd lawr i'r dafarn o'r llofft yn yr 1930au. Wedyn, pan ddechreuodd y gêm *Snooker Plus*, wedi ei ddyfeisio gan y Meistr Joe Davies, cydiodd yn go glou yn y Douglas.

'Ma'r hogia lleol i gyd yn dal i droi at *Snooker Plus*, ond mae'r *visitors* sy'n galw yma yn dueddol o gadw at snwcer traddodiadol. Roedd rhyw 12 bwrdd *Snooker Plus* yn Bethesda ar un adeg, pan oedd cannoedd o chwarelwyr yn gweithio yma, ond dim ond un neu ddau sy ar ôl rŵan.'

Sylltau a cheiniogau

Roedd 15 Chwefror 1971 yn ddiwrnod mawr trwy Brydain gyfan. Dyna pryd y newidiwyd y system arian i'r dull degol. Galwyd y diwrnod yn 'D Day', sef *decimalisation day* ac roedd yn rhaid defnyddio arian newydd sbon a ffordd newydd sbon o'i gyfri hefyd. Rydyn ni'n hen gyfarwydd â darnau pum ceiniog a deg ceiniog nawr, ond cyn 1971 doedd pobol ddim yn gyfarwydd â darnau arian o'r math yma o gwbl. Yn y dyddiau hynny, punnoedd, sylltau a cheiniogau oedd y system arian a 240 o geiniogau ym mhob punt a 12 ceiniog mewn swllt ac os ydy'ch maths chi'n ddigon clou, chi wedi gweithio mas yn barod bod 20 swllt mewn punt!

'Pam ydyn ni'n sôn am hyn wrth adrodd stori'r Douglas Arms?' medde chi o dan eich anadl. Wel, am fod y system arian wedi newid ar ôl 'D Day' ym mhob man trwy Brydain heblaw am y Douglas Arms! Doedd tafarnwr y cyfnod, Jeffrey, tad Christine, ddim yn gweld unrhyw reswm dros newid system oedd yn gweithio'n iawn. Roedd Richard Morris Jones yn

79

newyddiadurwr ar y pryd ac fe wnaeth eitem deledu ar safiad gwrthddegol Jeffrey'r Douglas. 'Nôl yn y dafarn, roedd yn cofio un peth am y cyfnod hwnnw.

'Pendantrwydd Jeffrey! Roedd yn gwbl grediniol na fyddai'r system newydd yn gweithio.'

Byddai Jeffrey'n gofyn am bris peint yn yr hen arian. Mae'n siŵr bod *mental arithmetic* pobol Bethesda yn well nag unman arall ym Mhrydain o orfod delio gyda dwy system arian yr un pryd! Hyd yn oed heddi', mae atgof o'r safiad hwnnw yn y Douglas Arms a dydyn nhw byth yn codi pris peint geiniog neu ddwy ar y tro ond fesul pum ceiniog, sef yr hen swllt. Medde Christine, "Dan ni ddim yn delio mewn ceiniogau fan hyn.' Mae'n ddigon i roi pen tost i chi!

A hyd heddi', mae Jeffrey yr un mor bendant.

'Roeddwn i'n gweld y peth yn hollol *wrong*. Roedd y system oedd gynno ni yn well o lawar. Tydw i ddim yn difaru gwneud be wnes i o gwbl. Roedd yn rhaid i rywun sefyll yn erbyn y petha gwirion yma!'

Y gair ola i John Davies. Wrth sefyll ger bar y Douglas Arms mae'n pwyso a mesur y cyfan a ddaeth o'r dre hon, ac yn dod i'r casgliad hwn: 'Ry'n ni'n lwcus fod gyda ni Fethesda a dweud y gwir!'

Pws
wrth y bar
Y Douglas

Ma tipyn o gymysgwch yn y Douglas, hen dafarn sy'n tynnu'r tirfeddianwyr crand a'r gweithwyr at ei gilydd. Ma ôl dylanwad y ddau yn dal yno, sy'n rhoi cymeriad unigryw i'r lle, mewn ardal lle ma cerddoriaeth Gymraeg yn gymaint o ddylanwad hefyd. Ro'n i wedi chware *Snooker Plus* o'r blaen, cyn gwneud y rhaglen, ond roedd yn neis cael cyfle unwaith eto i wneud hynny – cyn bod y gêm yn diflannu'n llwyr.

Anghofia i fyth ishte gyda John Davies yn y dafarn a gofyn cwestiwn iddo fe ynglŷn â'r lle. Daeth rhyw wawl dros ei lygaid a bant â fe i draethu'n ffraeth am dalp cyfan o hanes lleol. 'Na gyd o'n i'n gallu neud oedd ishte gyferbyn â fe ac edrych ar ei geg yn symud ac edrych rownd y dafarn fel tasen i'n cael sylwebaeth fyw ar shwd dda'th y lle i fodol'eth. Arbennig! Ma mynd o dafarn i dafarn, a rhannu peint 'da grŵp o bobol, yn neud i chi weld shwd ma pobol eraill yn gweld pethe. Ma hynna'n ddigon iachus. Wi'n gwbod yn union beth yw fy marn ar sawl pwnc, yn enwedig pobol o bant sy'n dod i Gymru heb gyfrannu dim i'n gwlad ni. Ond, cyn bo fi'n mynd off ar beth ma Rhiannon y wraig yn galw'n 'rant' arall, roedd barn wahanol yn weddol amlwg yn y Douglas. Wrth bod y band yn chware ambell gân, 'ma ni'n dechre ymarfer 'Carlo', gan bo ni yn y Black Boy yr wythnos ganlynol. Daeth cais digon poléit ond digon pendant i ni beidio â chario 'mlaen i ganu'r gân arbennig honno. Roedd parch 'da nhw at y teulu brenhinol a doedd cân fel honno ddim yn addas wedyn. Nid fel'na fi'n ei gweld hi, ond mae'n cymryd pob siort i wneud tafarn dda.

7

Y Queens, Abertawe

DRAW Â NI i ddinas yr unig glwb pêl-droed sy gan Gymru yn yr Uwch Gynghrair: dinas y bardd Dylan Thomas, cocos a'r Jacs. Pam maen nhw'n galw pobol Abertawe yn Jacs? Wel, fel sy'n wir mewn sawl man rydyn ni wedi bod eisoes, mae 'na dri posibilrwydd. Yn gynta, jac oedd yr enw lleol ar y bocs lle roedd glowyr yn cadw eu bwyd. Neu Jac o'r enw am forwr, Jac Tar. Neu beth am y stori hon sy'n cynnwys tamed bach mwy o ramant? Jac ar ôl ci enwog a hoffus y dre. Roedd y 'Swansea Jac' hwn yn arfer cael ei anfon i'r môr os fyddai rhywun mewn trafferthion o dan y tonnau gan estyn rhaff iddyn nhw er mwyn i ddynion gael tynnu'r person mas o'r dŵr. Mae honna'n stori neis, felly fe ddwedwn ni mai hi sy'n wir! Roedd tafarn o'r enw'r Swansea Jack ar lan y môr ond mae wedi mynd nawr. Mae tafarn y Queens yn hen ardal dociau'r ddinas, ddim yn bell o'r Marina ac Amgueddfa'r Glannau. Mae wedi bod yno ers blynyddoedd lawer ac yn dyst dros y blynyddoedd i ddatblygiad Abertawe fel y ddinas gyfoes a welir nawr.

Prif dre Cymru

Yn sicr, mae blas yr hen fyd yn ddigon amlwg wrth agor drws y Queens yn ogystal ag olion amlwg o'r Abertawe sy wedi hen ddiflannu. Mae llwyth o luniau hyfryd dros bob wal. Lluniau o longau amrywiol ac o longwyr amrywiol hefyd. Mae lluniau du a gwyn o bobol yr ardal yn fechgyn ifanc oedd wedi mentro lawr i gael cip ar fwrlwm cyffrous ac estron y dociau a lluniau hefyd o'r menywod a fu'n casglu cocos ar y glannau. Mae'n rhwydd anghofio'r byd a roddodd enedigaeth i Abertawe yn y lle cynta ac anghofio mor bwysig oedd y lle ar un adeg. Lwcus bod John Davies wedi galw i'r Queens i esbonio, ac wrth iddo ddechrau morio stori'r ardal mae'n swnio'n union fel llefarydd ar ran undeb y Jacs!

'Petaech chi wedi gofyn i unrhyw un tua 1850 beth oedd prif dre Cymru, Abertawe fyddai'r ateb yn bendant. Ar ddechrau'r ganrif honno, roedd rhyw 10,000 o bobol yn byw yn ardal drefol Abertawe ond dim ond 1,800 fyddai yng Nghaerdydd yr un adeg. Erbyn 1850 roedd twf sylweddol yn Abertawe a 32,000 yn byw yno. Roedd Caerdydd wedi dechrau tyfu ond yn dal dim ond â 18,000 o bobol yn byw yno. Dechreuodd papur wythnosol Saesneg yma, papur wythnosol Cymraeg a dyma lle dechreuwyd y papur dyddiol Saesneg cynta yng Nghymru.

'Canolfan fasnachol Abertawe yn ei hanterth oedd yr ardal lle mae'r Queens nawr. Mae'r adeiladau crand sy i'w gweld o gwmpas y dafarn yn arwydd clir o hynny – yr hen amgueddfa, yr adeilad lle mae gwesty moethus Morgans nawr, yr adeilad lle mae'r *Evening Post* ac yn y blaen. Does dim byd tebyg yng Nghaerdydd o'r un cyfnod. Yn sicr, ry'n ni yn y man lle ganwyd y Gymru fodern fan hyn, a'r Queens reit yn ei galon e!'

Mae John Davies yn sicr wedi gwneud ei bwynt ac wedi gosod Abertawe yn gadarn ar fap Cymru. Ond beth oedd y rheswm dros y fath weithgaredd yn y dre? Doedd dim rhaid i David Jenkins gerdded yn bell iawn o adeilad ysblennydd Amgueddfa'r Glannau i ddod draw i'r Queens i esbonio.

'Copr yw'r ateb syml. Ar un adeg roedd Abertawe yn gyfrifol

am gynhyrchu 75 y cant o gopr Prydain a 50 y cant o gopr y byd. Tipyn o ddiwydiant! Ond roedd glo yn bwysig hefyd ac roedd allforio glo yn digwydd fan hyn cyn bod sôn am wneud hynny o Gaerdydd. Mae afon Tawe yn torri drwy haenau o lo ar ei ffordd i'r môr ac yn llythrennol bron roedd yn bosib rhofio glo o'r ddaear yn syth i mewn i fola'r llongau a bant â nhw i Ogledd Dyfnaint yn syth.

'Y boi cynta i agor gwaith copr oedd Richard Morris, roddodd ei enw yn y pen draw i Dreforys ar gyrion y ddinas heddi'. Agorodd waith yn Llangyfelach. Wedi i'r gweithfeydd copr ddechrau cydio, dechreuodd y diwydiant mwyn copr a hwnnw'n cael ei fewnforio o Gernyw ac o Fynydd Parys ar Ynys Môn. Mae'n siŵr bod cymysgwch rhyfedd o bobol yn ardal docie Abertawe yn y cyfnod yna wrth i wŷr y Medrau a dynion Cernyw gymysgu â'i gilydd!'

Mae pawb yn amlwg am wneud yn siŵr bod rhinweddau amlwg Abertawe yn cael eu pwysleisio yn enwedig o gymharu'r ddinas â Chaerdydd ganrif a mwy yn ôl! Mae'r elyniaeth 'gyfeillgar' yn parhau hyd heddi', wrth gwrs, ar y cae ac oddi ar y cae pêl-droed! Yn sicr, dyw pobol Abertawe ddim yn hoffi cael eu hystyried yn ddinasyddion eilradd ac maen nhw'n barod iawn i ddadlau cryfderau'r lle o'i gymharu â phrifddinas Cymru. Ac mae'n braf gweld eu bod mor falch o'u milltir sgwâr. Ond, 'nôl at y stori.

'Pan oedd y mwyn copr yn dechrau rhedeg mas, roedd yn rhaid chwilio amdano ymhellach na glannau Prydain. Fe driwyd Cuba yn gynta ac yna lawr i Chile. Magwyd cysylltiad agos rhwng Abertawe a Chile wedyn ac roedd masnachu brwd rhwng y ddau le. Roedd glo yn gadael Abertawe i'w gludo i Dde America, ac fe fyddai'r un llongau wedyn yn dod â mwyn copr 'nôl i Gymru. Roedd y rhai a wnâi'r teithiau 'ma yn cael eu galw'n *Swansea Cape Horners* ac fe allen nhw fod bant o gartre am flwyddyn gyfan yn gwneud un daith.'

Llongau pren fyddai'r drafnidiaeth gyson mewn a mas o ddociau Abertawe ar y dechrau, ond sylweddolwyd yn ddigon cyflym bod llongau pren yn pydru'n gyflym mewn dŵr hallt.

Felly dyfeisiwyd ffordd o roi haenen o gopr ar waelod y llongau i'w diogelu rhag pydru. A dyna'r term *copper bottomed* yn dod i'r iaith Seasneg – ond copr Cymreig Abertawe oedd e i ddechrau!

Gwadnau a sgidiau

Wedi i'r morwyr ddod 'nôl o fordaith hir, roedden nhw'n mynd yn syth i'r swyddfa gyflog yn y dociau ac yn cael llwyth o arian – arian nad oedd yn mynd i bara'n hir iawn yn eu dwylo wrth gerdded drwy'r dociau. Faint ohono fyddai ar ôl erbyn iddyn nhw gyrraedd adre tybed? Roedd y Queens yn fan amlwg lle roedd y morwyr yma'n galw wedi dod 'nôl o'u teithiau. Ac yn y dafarn, yn ogystal â'r cwrw, roedd digon o fenywod oedd yn barod i gynnig adloniant iddyn nhw er mwyn cael peth o'r arian hwnnw, os chi'n deall. Un o ffyddloniaid presennol y Queens yw'r awdures Manon Eames ac mae hi'n gwbod stori neu ddwy am adloniant y morwyr.

'Ma 'na ddywediad sy'n cael ei ddefnyddio yn Abertawe o hyd, "You'll have to go to the museum steps" ac mae'n dod o ddyddiau'r morwyr. At steps yr amgueddfa roedd y merched yn mynd â nhw. Ond, roedd yna ryw haen o barchusrwydd yn gorfod bod dros yr holl drefniadau, er gwaetha'r hyn roedden nhw'n ei wneud mewn gwirionedd. Doedden nhw ddim yn cael trafod prisiau gyda'r morwyr yn y bar. Doedd hynny ddim yn dderbyniol. Felly, yr hyn roedden nhw'n ei wneud oedd sgrifennu faint bynnag roedden nhw ishe yn gyfnewid am ryw ar wadnau eu hesgidiau. Wedyn, roedden nhw'n sefyll wrth y bar gan godi eu hesgidiau oddi ar y llawr a dangos y prisiau i bawb. Roedd trefniant arall ar gyfer y capteiniaid wrth gwrs!'

Felly, peidiwch â mynd mewn i'r Queens yn gwisgo sgidiau newydd heb checio'n gynta eich bod chi wedi tynnu sticer y pris off! Na, nid lle fel'na yw e nawr ac mae Manon yn gwbod am un stori arall am y dafarn hefyd.

'Mae'r stori yma yn rhan o 'nheulu i gan ei bod yn ymwneud â mam-gu fy mhartner. Roedd ei gŵr hi bant ar y llongau lot, ar y *trawlers*. Ac fe fyddai, fel cymaint o'r lleill, yn galw 'nôl yn y Queens am beint ar ôl dod 'nôl o'r môr, cyn mynd adre. Un dydd, a hithau wedi taflu ei ginio dros ei ben yn y dafarn yn barod, ond heb i hynny ei ddenu adre, mi aeth 'nôl yr ail waith. Roedd ganddi naw o blant ac fe gasglodd sgidiau pob un, felly 18 esgid, a'u rhoi mewn sach. Mewn â hi i'r Queens a thaflu'r sgidiau at ei gŵr un ar y tro nes iddo gael ei daro 18 o weithiau ac roedd tomen o sgidiau ar y llawr. Chwerthin yn braf wnaeth e wrth gwrs!'

O bedwar ban a'r gosb eitha

Mae'n siŵr bod bywyd lliwgar tu hwnt yn Abertawe pan oedd y dociau ar eu hanterth. Roedd yn denu pobol o bob man ac nid dim ond y morwyr. Daeth perchnogion a rheolwyr yma hefyd wrth gwrs – pobol fel y Richardsons o Sunderland a'r teulu Bath o Falmouth. Ond roedd Cymry ymhlith y rheolwyr hefyd, mae'n dda cael dweud. Mae adeilad Pembroke Buildings, gyferbyn â'r Queens, yn tystio i hynny. Fe'i codwyd gan y ddau frawd Harries a ddaeth i'r dociau o Dinas ar gyrion Abergwaun. Ymhen dim wedi iddyn nhw gyrraedd, roedd ganddyn nhw fusnes llongau ager yn cario glo carreg o gwmpas glannau de Cymru'n benna.

Daeth un dyn o dramor yn enwog yn Abertawe ond am reswm digon anffodus mewn gwirionedd. Thomas Allen oedd ei enw ac roedd yn Zulu o Dde Affrica. Un noswaith roedd yn pwyso ar far y Queens yn yfed ei beint. Trodd at y barman a dweud y byddai 'nôl ymhen rhyw bum munud a mas â fe i ganol nos y dociau. Cwrddodd ag un o'r puteiniaid a dod i ddealltwriaeth y byddai hi yn ei ddilyn i stafell yng Ngwesty'r Gloucester. Mae Heol Gloucester yn dal yno heddi'.

Wedi peth amser, roedd Thomas Allen yn dal yn y stafell ar ei ben ei hun. Bu'n aros ac aros ac aros. Yn sydyn, clywodd sŵn lleisiau dieithr y tu fas i'r drws ac, mewn ofn, neidiodd i guddio o dan y gwely. Roedd e yno mor hir, fe gwympodd i gysgu. Cyn hir, dihunodd yn sydyn yn llawn ofn gan nad oedd yn cofio lle roedd. Cynodd fatshen i weld yn well a dyna lle roedd perchennog y Gloucester yn y gwely gyda'i wraig! Cafodd y perchennog lond bol o ofn a tharodd Thomas Allen. Cydiodd yntau mewn rhywbeth oedd gerllaw a tharo'r perchennog 'nôl. Ond roedd wedi cydio mewn rasel a lladdodd y perchennog! Mas â fe mor glou ag y gallai redeg i ganol y tywyllwch ond cafodd ei ddal a'i gyhuddo o ladd landlord y Gloucester.

Yn yr achos llys, siaradodd perchennog y Queens ar ran Thomas Allen gan ddwcud ei fod yn ddyn hoffus na fyddai byth yn lladd rhywun yn fwriadol. Ond, roedd y llif yn ei erbyn. Roedd yn ddyn du, dieithr ac ar ben hynny, roedd perchennog y Gloucester yn gymeriad poblogaidd iawn yn yr ardal. Cafwyd Thomas Allen yn euog ac ym mis Ebrill 1889 cafodd ei grogi â dros 2,000 o bobol yno'n gwylio.

Rhyfedd o fyd. 'Na'i gyd wnaeth e oedd gadael ei beint ar ei hanner ym mar y Queens a mynd mas i'r awyr iach. Daeth hynny â'i fywyd i ben.

Abertawe'n fflam

Un arall a fu'n yfed yn gyson yn y Queens – a bron â bod pob tafarn arall yn Abertawe hefyd – oedd mab enwoca'r dre, mae'n siŵr, Dylan Thomas. Daeth i nabod tafarnau'r dre yn dda iawn yn ystod y cyfnod o ddeunaw mis wedi gadael yr ysgol y bu'n newyddiadurwr gyda'r *Evening Post*. Dyna i gyd wnaeth e mewn gwirionedd yn y cyfnod hwnnw am nad oedd yn ohebydd da iawn o gwbl. Roedd yn dipyn gwell bardd a llenor. Ond o'r miloedd o eiriau a sgrifennodd, mae pedwar gair a ynganwyd ganddo gyda'r mwya ysgytwol o'i eiddo. Yng nghanol dinistr a difrod bomiau Hitler yn 1941, trodd at Bert Trick, ffrind oedd yn groser yn y dre, a dweud, 'Our Swansea is dead'. Dyna sut roedd yn ymddangos i drigolion y dre y flwyddyn honno wedi i awyrennau'r Almaenwyr ymosod dair noson yn olynol. Mae Miriam Evans a Dr Edwin Lewis yn cofio'r cyfnod yn dda.

'Un ar hugain oed o'n i ar y pryd, felly rwy'n ei gofio'n dda,' meddai Miriam Evans. 'Roedd yn nos Fercher a finnau yng Nghapel Dinas Noddfa ar gyfer cwrdd y bobol ifanc. Mae'r capel yn agos i lle ma'r Stadiwm Liberty heddi'. Roedd y noson yn dechrau am wyth o'r gloch ac o'n ni newydd ganu'r emyn gynta pan glywodd pawb y *siren* yn ein rhybuddio bod awyrennau ar y ffordd. Lawr â ni wedyn i stafell y diaconiaid oedd bron â bod yn stafell danddaearol. O'n ni'n gallu clywed yr awyrennau'n dod o bell ac yn swnio'n drwm iawn. Ro'n ni i gyd yn gwbod bod hynny'n golygu eu bod yn llawn bomiau. Wedi clywed y sŵn trwm, fe glywon ni'r sgrech ofnadw' wrth i'r bomiau gwmpo. Wedyn tawelwch mawr wrth i ni i gyd drio dyfalu ble roedd y bom wedi disgyn.'

'Os ystyriwch chi arwynebedd Abertawe,' meddai Dr Edwin Lewis, 'rhyw 40 erw yw e i gyd. Fe wnaeth yr Almaenwyr ollwng 1,200 o fomiau ffrwydrol a 56,000 o fomiau cynheuol, yr *incendiaries*. Wel, faint o Abertawe fydde chi'n disgwyl fydde ar ôl wedi'r fath ymosodiad? Ar y pryd, roeddwn i fyny'r Cwm ychydig ac yn edrych lawr at y dre yn gweld yr hyn oedd yn digwydd. Roedd sawl awyren wedi hedfan uwch fy mhen ar eu ffordd i'r dre. Roedd y cyfan y tu allan i ddealltwriaeth dyn.'

'Fe glywes i fod bom wedi ffrwydro yn yr Hafod,' meddai Miriam Evans, 'ac roeddwn yn nabod rhywun oedd yn

gweithio yno. Lawr â 'nhad a fy ewythr a ffrind arall i weld a oedd e'n iawn. Ond, doedd e ddim; roedd e wedi cael ei ladd. Roedd yn rhaid i 'nhad fynd i ddweud wrth y teulu wedyn. Gysgon ni ddim y noson honno.'
'Roedd yn gyfnod ofnadw',' mae Edwin Lewis yn mynd yn ei flaen. '72 awr o fomio di-baid. Roedd y bomiau cynheuol a'r tanau a achoswyd ganddyn nhw yn goleuo'r ddinas i gyd ac yn dangos yn glir i'r awyrennau ble roedd pawb a phopeth. Roedd y cwestiwn yn mynd rownd a rownd yn y meddwl o hyd. Pam? Pam? Pam? Ond daeth un peth yn amlwg, os oedd yr Almaenwyr yn meddwl y bydden nhw'n lladd ysbryd pobol Abertawe, fe wnaethon nhw gamsyniad ofnadw'. Roedd y cydymdeimlad oedd i'w deimlo rhwng pobol y dre yn gryf ac yn drech na grym dinistriol yr Almaenwyr.'

Does dim modd dirnad beth a brofodd Miriam ac Edwin a degau o filoedd o bobol Abertawe ar y tair noson honno. Yn ogystal â'r bywydau a gollwyd a'r bobol a anafwyd, chwalwyd y rhan fwya o adeiladau'r dre yn yfflon. Bu'n rhaid ail godi'r ddinas o'r rwbel am gyfnod hir wedi i'r rhyfel orffen. Ond yn rhyfedd ddigon, roedd y Queens yn un o'r adeiladau na chafodd eu cyffwrdd o gwbl gan unrhyw fom. Ac mae'n amlwg nad oedd ysbryd a dygnwch y bobol wedi diodde ergyd chwaith.

Rocky

Na, peidiwch â chyffroi heb ishe, does dim stori am Sylvester Stallone i ddilyn! Ond mae'n ymwneud â bocsio a dyn a fu'n ddylanwad ar y ffilmiau. Gan nad oedd y Queens wedi diodde unrhyw ddifrod, roedd yn dal i fod yn fan poblogaidd i yfed yn ystod y rhyfel. A daeth math newydd o gwsmer i'r dafarn hefyd achos y rhyfel – y GI Americanaidd. Roedd y GI Joes yn ymwelwyr cyson â'r Queens a daeth un ohonyn nhw'n fyd enwog wedi i'r rhyfel orffen. Yn wir, yn y Queens y daeth ef ei hun i sylweddoli fod ganddo'r ddawn a fyddai'n ei wneud yn seren byd. John Davies sy â'r stori.

'Ma 'na sawl tafarn yn Abertawe yn hawlio stori dechreuadau bocsio'r enwog Rocky Marciano. Ond i fi, fan hyn yn y Queens ddigwyddodd y cyfan. Roedd Rocky yma yn y ddinas gyda'i gyd-filwyr yn paratoi ar gyfer D-Day. Cerddodd i fewn i'r bar a dyma dri dyn o Awstralia yn dechrau ei boeni a thynnu ei goes mewn modd annymunol. Penderfynodd Rocky Marciano nad oedd am gymryd y fath driniaeth ac aeth draw at y tri a 'bang bang bang' roedd y tri ar eu cefnau ar y llawr. Roedd hynny'n sioc iddo fe ac fe ddechreuodd feddwl falle fod ganddo dalent bocsio.

'Ond roedd yn filwr o hyd wrth gwrs ac roedd ei swyddogion am ei ddisgyblu am ddwyn anfri ar enw da milwyr America. Ond, roedd un o'r uwch swyddogion wedi dweud mai gwell fyddai peidio â'i daflu o'r fyddin gan y byddai hynny'n golygu y bydden nhw un gyrrwr lorri yn brin ar gyfer D-Day. Felly, fe gadwodd ei le yn y fyddin.'

Ond roedd y chwant bocsio wedi ei gynnau ac aeth Rocky Marciano yn ei flaen wedyn i fod yn Bencampwr Pwysau Trwm y Byd. Yn wir, fe yw'r unig un yn y pwysau hynny na chafodd ornest gyfartal na cholli unwaith yn hanes ei yrfa. Enillodd 49 gornest allan o 49. Prin iawn yw'r bocswyr yn unrhyw gategori pwysau sy'n gorffen eu gyrfa'n ddiguro ond mae'r Cymro Joe Calzaghe yn un o'r rheini.

Ar ôl iddo roi'r gorau i'r bocsio, roedd Rocky Marciano yn dal i ddod 'nôl i Abertawe. Roedd, yn ôl y sôn, wrth ei fodd â bara lawr a mynd am daith ar reilffordd y Mwmbwls, y rheilffordd hyna yn y byd tan iddi gau yn 1960. Yn eironig ddigon, ac yntau wedi goroesi'r Ail Ryfel Byd, bu farw mewn damwain awyren y diwrnod cyn ei ben-blwydd yn 46 oed. Mae ei gamp yn dal i ysbrydoli bocswyr y byd heddi' a, do, fe ysbrydolodd Sylvester Stallone i greu'r gyfres ffilmiau *Rocky*. A dechreuodd y cyfan mewn tafarn yn Abertawe!

Pws
wrth y bar
Y Queens

Mynd 'nôl gartre go iawn oedd hi wrth fynd i'r Queens. Er, sa i erioed wedi lico Abertawe rhyw lawer. Perthynas od sy 'da fi gyda'r man lle ges i fy ngeni. Falle mai'r agwedd wrth-Gymreig yn y ddinas ddiwydiannol sy'n broblem i fi. Gydag agwedd fel'na wedi ffurfio yn fy meddwl dros flynyddoedd lawer, doedd e ddim yn help i ddod ar draws hen forwr y tu fas i'r Queens oedd am wbod pam bod criw ffilmio 'na. Wedes i ein bod yn gwneud rhaglen i S4C ac roedd ei ymateb yn ddigon pendant, 'We don't want Welsh around here!' Doedd hynna ddim yn neis iawn.

Ond, wedi dweud hynny i gyd, dyna un o'r nosweithie gore gafodd y band yn chware ar ddiwedd ffilmio. Roedd y Jacs wrth eu bodde ac yn ymuno yn hwyl y gerddoriaeth, yn curo dwylo a dawnsio ac yn mynnu ein bod yn dod 'nôl 'na i chware rhywbryd eto. A ninne wedi canu pob cân yn Gymraeg. Ceson ni groeso gwresog iawn yno, mewn tafarn sy reit yng nghanol dinas ond sy'n berchen ar gymeriad hollol annodweddiadol o dafarne dinesig. Roedd hynna'n sicr yn codi calon.

Daeth cyfle i gael blas o'r un bywyd ag oedd yn gyfarwydd i fi pan o'n i'n blentyn yn Abertawe wrth i ni holi dau o drigolion yr ardal ynglŷn â'u hatgofion rhyfel. Roedd y ddau yn nabod Mam ac roedd clywed yr hyn oedd ganddyn nhw i'w ddweud yn gwneud i fi feddwl bod Mam wedi byw y straeon ro'n nhw'n eu hadrodd. Dim ond yn ddiweddar iawn ro'n i 'nôl yn Nhreboeth, y pentre lle ges i fy ngeni, i weld plac yn cael ei ddadorchuddio i Dad, oedd yn un o sylfaenwyr neuadd gyhoeddus y pentre. Mae'r cysylltiade yna'n dal i fod yn rhai byw a gwerthfawr.

Heddi', mae'n bleser llwyr mynd i'r ysgol leol, Ysgol Tirdeunaw, a chlywed y plant yn ymhyfrydu yn eu Cymraeg, ond hefyd y rhieni di-Gymraeg yn rhannu brwdfrydedd eu plant. Falle bo pethe'n newid wedi'r cwbl.

8

Y Llew Coch, Dinas Mawddwy

GO BRIN Y gallen ni fynd i fan mwy anghysbell i ymweld ag e na'r man lle mae'r dafarn hon. Mae gofyn troi oddi ar yr A470 ar y ffordd i Ddolgellau – neu ar ôl Dolgellau os ydych chi'n dod o'r Gogs wrth gwrs! Mae pentre Dinas Mawddwy yng nghanol ucheldir garw a gwyllt, a'r gwastadeddau moel yn ymestyn am filltiroedd. Mae rhaeadrau dramatig yma, sy'n disgyn o gryn dipyn o uchder ac mae fforestydd trwchus yn gorwedd ar y llethrau. Mae'n dipyn o le a falle ddim yn fan y mae lot ohonon ni'n gyfarwydd ag e. Pan deithiodd George Borrow drwy'r ardal, cyn sgrifennu ei glasur *Wild Wales*, sef math o *Rough Guide* cwpwl o ganrifoedd oed, fe alwodd y lle 'ma yn 'dirty, squalid place'. Wel, sori George, dyw e ddim fel'na nawr yn sicr. Mae 'na gwyno am un peth penodol yn yr ardal heddi', sef yr ymarferion hedfan isel mae'r awyrlu yn eu cynnal yno o bryd i'w gilydd. Does dim croeso yn yr ardal i'w

93

sŵn nac i'r ffaith mai peiriannau rhyfel ydyn nhw chwaith. Ond dyw hynny'n amharu dim ar gyfle i gael diod bach tawel yn y Llew Coch, y dafarn sy reit yng nghanol y pentre. Mae'n dafarn draddodiadol gyda'r trawstiau tywyll ar y nenfwd isel yn cynnig naws arbennig.

Dynion gwyllt a gwallt coch

Heb os, stori enwoca ardal y Llew Coch yw stori Gwylliaid Cochion Mawddwy, sef criw o ddynion gwyllt a gwallt coch ganddyn nhw, oedd yn gwneud pob math o ddrygioni yn yr ardal rai canrifoedd yn ôl. Mae eu henw'n enwog trwy Gymru gyfan heddi' ac maen nhw'n rhyw fath o arwyr cefn gwlad. Ond mae'n siŵr nad fel'na roedd pobol y cyfnod yn meddwl amdanyn nhw. Mae gwbod am stori'r Gwylliaid yn rhan o addysg plant yr ardal o hyd, ac mae un ohonyn nhw, Gwawr Mererid Ifans, yn adrodd y stori yn y Llew Coch. Y man amlwg i ddechrau yw holi o ble daeth y dynion 'ma ac, unwaith eto, mae'r ateb yn dangos bod sawl posibilrwydd!

'Oes, ma sawl awgrym wedi eu cynnig dros y blynyddoedd. Ond yr un cyffredin yw bod y dynion yma'n wehilion ymgyrchoedd Owain Glyndŵr. Daeth ei achos o i ben yn 1421 ac yn sicr mi oedd lot o'r ardal yma wedi ymladd gyda Glyndŵr. Felly pan ddaeth ei ymladd o i ben, mi fyddai ei filwyr wedi colli unrhyw diroedd oedd ganddyn nhw cyn y brwydro. Felly'r Gwylliaid, i bob tebyg, oedd disgynyddion pobol Glyndŵr. Roedden nhw felly yn grŵp o ddynion oedd yn teimlo dan anfantais go iawn ac yn crwydro'r ardal yn gwneud bob math o ddrygioni.'

Mae'r ardal hon yn gallu bod yn ddigon gwyllt yr olwg nawr. Dychmygwch felly sut fath o le oedd e gannoedd o flynyddoedd yn ôl pan oedd y Gwylliaid ar hyd lle. Roedden nhw'n nabod yr ardal fel cefn eu llaw ac yn gwbod lle roedd ffiniau un ardal a'r llall er mwyn gallu neidio o un i'r llall i osgoi cael eu dal. Mae yna enwau yn yr ardal sy'n tystio i'w bodolaeth, fel Ffynnon y Gwylliaid er enghraifft.

'Doedden nhw ddim yn byw mewn ogofâu nac yn y fforest chwaith. Roedden nhw'n bobol â rhywfaint o eiddo, felly doedden nhw ddim ar waelod cymdeithas yn hynny o beth. "Iwmyn" oedd yr enw am bobloedd â rhyw eiddo neu'i gilydd i'w henw a dyna oedd y Gwylliaid. Roedd gan bobol yr ardal eu hofnau ac roedden nhwythau wedyn yn manteisio ar hyn mewn sawl ffordd. Ma 'na straeon amdanyn nhw'n dwyn gwartheg ac yn arwain y gwartheg wedyn ar hyd y stryd fawr o flaen pawb!'

Mae straeon am eu gorchestion wedi eu rhannu rhwng un cenhedlaeth a'r llall ac un sy'n gwbod eu hanes yw'r bardd Tecwyn Jones.

'Ma 'na un stori am rywun yn rhoi cosyn caws i lawr ar fwrdd eu cartra ac un o'r Gwylliaid o du draw'r cwm yn anelu ei fwa a saeth, tanio'r saeth a honno'n glanio yng nghanol y cosyn ar y bwrdd! Roedd gan bawb gymaint o ofn y dynion 'ma fe fydden nhw'n rhoi pladur neu gryman yn sownd yn y simna' i'w rhwystro rhag dod lawr i mewn i'w cartrefi.'

Bois bach, 'na beth oedd cnafon dichellgar hyll-fwriad – er mae'n siŵr nad iaith fel'na oedd gan bobol ardal Dinas Mawddwy i'w disgrifio ar y pryd! Ond, fel y gallwch ddychmygu, roedd pobol am roi stop arnyn nhw a dod â'u drwgweithredu i ben.

John Goch a mam grac

Roedd yna ddyn yn yr ardal, ganrifoedd yn ôl, o'r enw'r Barwn Owen. Na, nid â'r enw 'Barwn' roedd ei fam wedi ei fedyddio'n fabi bach, ond roedd yn ddyn pwysig yn nhrefn cymdeithas yr ardal ar y pryd a dyna oedd ei deitl swyddogol. Roedd e'n sicr yn meddwl ei fod yn ddyn pwysig ac am wneud enw iddo'i hunan. Roedd am fanteisio ar bob cyfle posib i ddringo'r ysgol gymdeithasol ac, yn sicr, byddai'n neidio o waelod yr ysgol i'r top petai'n llwyddo i roi stop ar y Gwylliaid. Felly, dyfeisiodd gynllun – trio lladd cymaint ohonyn nhw â phosib! Mae Gwawr yn cydio yn y stori eto.

'Noswyl Nadolig oedd hi a'r Barwn a'i filwyr ddim am iddo fod yn Nadolig rhy hapus i'r Gwylliaid. Ymosodwyd arnyn nhw ac fe gipiwyd sawl un a'u rhoi i grogi ar ganghennau'r coed i bawb eu gweld. Mae faint gafodd eu crogi yn amrywio. Mae rhai'n dweud 80 ond mae'r ffigwr yna'n seiliedig ar ddarn a sgrifennwyd i nodi'r digwyddiad rhyw ddau gan mlynedd yn ddiweddarach. Felly mae'n bosib fod 'na ymhelaethu wedi bod ar y stori rhywfaint.'

'Yn ôl yr hyn rydw i'n ei ddallt,' mae Tecwyn yn ychwanegu, 'rhyw wyth gafodd eu crogi. Roedd dynas feichiog ymhlith y rhai a gipiwyd gan y Barwn ond toedden nhw ddim yn gallu ei chrogi hi nes iddi roi genedigaeth i'r babi.'

Beth bynnag yw'r nifer a grogwyd – ac a ychwanegwyd '0' at y rhif go iawn dros y blynyddoedd ai peidio – roedd un crwt ifanc o'r enw John Goch yn sicr yn eu plith. Wrth ei weld yn hongian ar goeden ac yn stryffaglu am ei fywyd, rhedodd ei fam at y Barwn a gofyn iddo ddangos trugaredd tuag ato. Wedi iddo wrthod, rhwygodd ei dillad a dangos ei bronnau i'r Barwn.

Gwawr sy'n cydio yn y stori, 'Mi ddwedodd wrth y Barwn wedyn, dan gryn dipyn o deimlad, "Mae'r bronnau yma wedi magu brodyr i Joni bach ac fe fyddan nhw'n dial am yr hyn wnaeth y Barwn i'w brawd ac yn golchi eu dwylo yng ngwaed ei galon!"'

Menyw ddramatig iawn yn amlwg! Wel, beth bynnag, ddeng mis yn ddiweddarach roedd y Barwn, ynghyd â rhai o'i filwyr, yn mynd adre pan gafon nhw eu dal mewn trap. Cwmpodd coeden dderw y tu ôl iddyn nhw ac un o'u blaenau. Yna, dyma gawod o saethau yn disgyn o'r awyr ac yn taro'r milwyr a'u lladd yn gelain. Yn ôl y sôn, cafodd y Barwn ei daro 30 o weithiau – ond falle fod '0' ychwanegol fan hyn hefyd! – a syrthiodd ar y llawr wrth draed y brodyr. Fe gadwon nhw at eu gair hefyd, a golchi eu dwylo yng ngwaed ei galon yn enw Joni bach.

Diwedd y Gwylliaid

Gan fod y Barwn Owen yn un o'r Uchelwyr – hynny yw, roedd e wedi dringo i dop yr ysgol! – fe ganodd o leia bum bardd ei glodydd wedi iddo farw. Thomas Pennant oedd un, yr un sy'n sôn am grogi 80 o'r Gwylliaid. Yn sicr, wedi'r cyfnod yma, roedd y Gwylliaid yn dechrau lleihau mewn nifer. Roedd rhai hefyd yn gallu derbyn lloches o ryw fath ar un fferm benodol yn yr ardal, fel mae Gwawr yn dweud.

'Roedd Fferm Gwanas, heb fod yn bell o Ddinas Mawddwy, yn rhan o Urdd Marchogion Sant Ioan, oedd yn golygu bod y fferm yn gallu cynnig lloches i bawb yn ddiwahân, pwy bynnag oedden nhw. Ond yn eironig ddigon, daeth y diwedd dipyn cynt i'r Gwylliaid o achos un o ffermwyr Gwanas. Sion Rhydderch oedd ei enw o, ac fe addawodd, yn ôl yr arfer, dderbyn nifer o'r Gwylliaid i Gwanas i gael lluniaeth a lloches. Ond mi aeth yn ôl ar ei air a dweud wrth yr awdurdodau bod Gwylliaid yn Gwanas ac fe gafon nhw eu dal. Hyd heddiw, os oes rhywun yn mynd yn ôl ar ei air, fe fydd y bobol leol yn dweud wrtho ei fod "mor ffals â Sion Rhydderch". Ma hynny'n dipyn o *insult* a dweud y gwir.'

Shwd mae Gwawr yn gweld y Gwylliaid hyn erbyn heddi' tybed?

'Roedden nhw'n ddynion drwg yn eu cyfnod yn sicr. Ond

mae amser wedi newid pethau. Yn yr 1930au, fe wnaed ffilm fud o'r holl stori a defnyddio pobol leol i actio'r rhannau i gyd. Erbyn hyn, maen nhw'n cael eu gweld fel arwyr gwerin go iawn a phawb yn yr ardal yn reit falch o'u stori nhw o leia, os nad yn falch o bopeth wnaethon nhw.'

Concrit a geiriadur

Er dweud bod Dinas Mawddwy a'r ardal yn anghysbell tu hwnt, a dweud bod haid o ddynion gwyllt wedi bod yn byw yno ar un adeg, mae'n ardal lle mae lot o bobol wedi galw heibio o bryd i'w gilydd. Roedd myneich yn arfer cerdded drwy'r ardal, gan ei bod ar y llwybr pererindota rhwng Abaty Ystrad Fflur ac Abaty Cymer. Dyw hynny'n ddim syndod gan fod 'na dawelwch a llonyddwch arbennig i'w deimlo yno. Fel y dwedodd un dyn unwaith, J. Breese Davies a bod yn fanwl gywir, mae'r tawelwch yn gwneud 'i ddyn feddwl ei fod wedi gadael y byd cyffredin ymhell, bell yn ôl, ac nid yw'n rhyfedd bod yma feudwyaid crefyddol gynt.' Felly, roedd dynion yn hoff o fynd yno i fyw ar eu pen eu hunain hefyd 'te.

Fe wnaeth rhywun di-enw yn oes Fictoria benderfynu sgrifennu rhyw rigwm bach i sôn am bresenoldeb y mynachod.

Yn ardal Dinas Mawddwy y mae'r mynachdy hwn;
Fan hyn bu llawer mynach yn cwyno dan ei bwn.

Rhyw lecyn pell anghysbell, lle hoff i'r bobol hyn;
Mae'n hynod o ramantus o dan y pistyll gwyn.

A heddyw mae'r mynachdy a'i furiau'n foelion iawn;
Ond mae y meini'n dangos lle bu ag urddas llawn.

Daeth ficer enwog yma unwaith ond roedd e'n foi digon cymdeithasol a ddim yn cadw'i hunan i'w hunan. John Davies oedd ei enw ac fe gyfieithodd y Testament Newydd i'r Gymraeg. Tipyn o gamp a thipyn o gyfraniad hefyd. Ond, yn rhyfedd ddigon, roedd e hefyd yn giamstar ar rywbeth arall, adeiladu pontydd. Hobi digon anarferol i ficer oedd hwn mae'n siŵr er ei bod yn ddigon addas i ficer ymddiddori mewn codi rhywbeth sy'n cysylltu dwy ochr sy wedi eu gwahanu. Mae dwy o'i bontydd yn dal yn yr ardal, un ym Mallwyd a'r llall yn Ninas. Mae'r gynhara yn mynd 'nôl i 1610 a heddi' mae o dan garped trwchus o fwsogl a'r afon yn llifo oddi tani drwy'r coed. Rhamantus yn wir.

Creu lle i bobol eraill aros wnaeth un dyn dŵad. Roedd Edmund Buckley yn ŵr cyfoethog tu hwnt a daeth i ardal Dinas Mawddwy o Fanceinion bell. Adeiladodd blasdy aruthrol, un Gothig ei gynllun. Credwch neu beidio, roedd ffenest i bob diwrnod o'r flwyddyn yn y plasdy hwn a simne i bob wythnos o'r flwyddyn! Ond yr un boi gododd y Buckley yn y pentre sy yn ôl y sôn yn un o adeiladau concrit cynta Ewrop gyfan.

Roedd un boi wrth ei fodd yn mynd 'nôl a 'mlaen trwy Ddinas Mawddwy a'i hewlydd cul a mynd rownd a rownd a lan a lawr hefyd. Gwyndaf Evans oedd Pencampwr Rali Prydain gyfan yn 1996 ac mae e'n dod o'r pentre. Sefydlodd ei dad garej Ford yn Ninas mor bell 'nôl â'r 1930au. Ar ôl rhoi'r gorau i'r ralio fe agorodd Gwyndaf garej yn Nolgellau.

A'r emyn nesa yw...

Nawr 'te, dyma i chi ddweud mawr. O'r holl gannoedd ar gannoedd o emynau sy wedi cael eu sgrifennu yn y Gymraeg – sgrifennodd William Williams ryw 800 ei hunan! – yn ôl O. M. Edwards cafodd yr emyn Gymraeg orau erioed ei sgrifennu yn yr ardal hon. Pa un yw hi? 'O Tyn y Gorchudd'. A dyma hi.

> O! tyn
> Y gorchudd yn y mynydd hyn;
> Llewyrched Haul Cyfiawnder gwyn
>   O ben y bryn bu'r Addfwyn Oen
> Yn dioddef dan yr hoelion dur,
>   O gariad pur i mi mewn poen.

P'le p'le?
Y gwnaf fy noddfa dan y ne',
Ond yn Ei archoll ddwyfol E'?
 Y bicell gre' aeth dan ei fron
 Agorodd ffynnon i'm glanhau;
  Rwy'n llawenhau fod lle yn hon.

Oes, oes
Mae rhin a grym yng ngwaed y groes
I lwyr lanhau holl feiau f'oes:
 Ei ddwyfol loes a'i ddyfal lef
 Mewn gweddi drosof at y Tad,
  Yw fy rhyddhad, a'm hawl i'r nef.

Golch fi
Oddi wrth fy meiau aml eu rhi',
Yn afon waedlyd Calfari,
 Sydd heddiw'n lli o haeddiant llawn;
 Dim trai ni welir arni mwy;
  Hi bery'n hwy na bore a nawn.

Boi o'r enw Hugh Jones sgrifennodd hi a chafodd ei eni yng Nghwm Maesglasau yn 1749. Roedd e'n eitha talentog, wedi cael addysg dda ac yn dipyn o gerddor hefyd. Aeth i Lundain i fyw a bu'n brysur yn sgrifennu tra oedd e yn y ddinas fawr. Ar ôl dod 'nôl, roedd e'n cadw ysgol yn ei hen ardal. O edrych o gwmpas y lle, mae'n rhwydd gweld y math o ddaearyddiaeth a ysbrydolodd yr emyn yn enwedig mewn ardal lle mae niwl trwchus yn gorchuddio copaon y mynyddoedd sy'n codi o'r cwm. Ac mae'n siŵr mai rhaeadr nant Maesglasau sy y tu ôl i'r ffynnon sy'n golchi'n lân yn yr ail bennill.

Ond nid yr emyn orau yn y Gymraeg oedd yr unig beth sgrifennodd Hugh Jones. Yn ôl un o blant yr ardal, fe sgrifennodd glasur o lyfr, er ein bod ni heddi' wedi anghofio'n llwyr am y llyfr hwnnw. Angharad Price sy'n dweud mwy.

'Fe sgrifennodd o ei lyfr cynta yn Llundain. *Cydymaith yr*

Hwsmon oedd ei enw ac mae'n olrhain treigl y tymhorau yn y byd amaethyddol trwy ryddiaith, barddoniaeth, dyfyniadau, myfyrdodau crefyddol ac ati. Mae'n ddisgrifiadol iawn ac mae 'na wers grefyddol ynghlwm â phob disgrifiad wrth gwrs! Mae bod yng nghanol sŵn a phrysurdeb Llundain yn amlwg wedi gwneud iddo feddwl cryn dipyn am lonyddwch ardal ei febyd. Mae hiraeth yn drwch trwy'r llyfr.'

Llwyddodd Hugh Jones i gael digon o arian i argraffu'r llyfr trwy gasglu enwau pobol oedd yn fodlon tanysgrifio ymlaen llaw i'w brynu ac roedd lot o'r rhain yn bobol o'i hen ardal. Mae'n siŵr nad oedden nhw'n bobol gyfoethog iawn, lot ohonyn nhw, ond roedden nhw'n ddigon parod i roi eu dwylo yn eu pocedi i gefnogi menter y boi lleol.

'Y trueni yw bod y llyfr fwy neu lai wedi cael ei anghofio'n llwyr erbyn hyn. Mae'n glasur yn sicr ac yn gallu cael ei gymharu gyda'r goreuon oedd gan Ewrop i'w gynnig yn yr un cyfnod. Er enghraifft, mi aeth un o weithiau'r Almaenwr Goethe, a gafodd ei gyhoeddi yn yr un flwyddyn â *Cydymaith yr Hwsmon*, yn ei flaen i fod yn glasur byd enwog. Mae gwaith Hugh Jones llawn cystal yn ei faes. Ond fe dderbyniodd Goethe arian mawr am ei waith o a bu farw'n ddyn cyfoethog, tra bo Hugh Jones wedi marw'n dlotyn wedi ei anghofio.'

Am sawl Cymro neu Gymraes arall gallwn ni ddweud yr un peth, dwedwch?

Mileniwm a thri brawd dall

Yn ardal Maesglasau Hugh Jones, mae yna fferm o'r enw Tynybraich. Nid y gosodiad mwya trawiadol o dan haul, ond, os ddwedwn ni bod yr un teulu wedi bod yn ffermio yno ers mil o flynyddoedd, wel mae hynny'n drawiadol tu hwnt! Meddyliwch am gadw'r cysylltiad am gyfnod mor hir – mae'n anodd dechrau meddwl am y peth. Wyn yw enw'r boi sy'n ffermio 'na nawr ac fe alwodd e draw i'r Llew Coch i sôn am ei deulu mawr!

'Mae ein coeden deulu ni ar gael ac mae'n deimlad reit falch i'w gweld hi. Mae'n fwy fel derwen nag unrhyw goeden arall,

Evan a Rebecca Jones a'r plant

gan ei bod mor dal a chryf a chymaint o ganghennau iddi. Mi ddo'th y BBC acw yn yr 1960au a gwneud ffilm am y teulu. Roedd ganddyn nhw ddiddordeb arbennig yn stori plant fy nain a fy nhaid innau. Mi gollon nhw, sef Rebecca ac Evan Jones, ddau o'u plant yn ifanc iawn ac fe gollon nhw eu merch Rebecca yn un ar ddeg oed oherwydd diptheria. Roedd pedwar mab ganddyn nhw ac roedd tri ohonyn nhw'n ddall. Dw i'n cofio 'nhaid yn dweud mai'r peth anodda wnaeth o erioed oedd rhoi dau o'i blant, Gruff pump oed a William tair oed, ar y trên yn stesion Drws y Nant er mwyn mynd â nhw i Ysgol y Deillion yn y Rhyl. Ddwedodd o fawr ddim am yr holl brofiad wedi iddo ddod yn ei ôl. Bu'n rhaid iddyn nhw gynilo eu harian prin er mwyn anfon eu meibion i'r ysgol honno ac mi oedd yn gyfnod llwm i'r rhai oedd ar ôl wedi iddyn nhw fynd i'r ysgol hefyd wrth gwrs. Mi ddwedodd Taid mai diwrnod hapusa ei fywyd oedd y diwrnod hwnnw pan aeth i'r "du" yn y banc.'

Chafodd y brawd arall, Lewis, ddim ei eni'n ddall. Aeth i'r ysgol leol ond gwaethygodd ei olwg a chyn hir roedd yntau'n ddall hefyd. Roedd yn amser anodd iawn i deulu o ffermwyr cefn gwlad Cymru orfod magu tri plentyn dall heb unrhyw gymorth gan y wladwriaeth yr adeg hynny. Tad Wyn oedd yr unig un oedd yn gallu gweld yn iawn a chario 'mlaen â gwaith y fferm.

O! tyn y gorchudd

Na, nid yr emyn eto, ond llyfr o'r un enw a enillodd y Fedal Ryddiaith yn yr Eisteddfod Genedlaethol yn 2002. Y fenyw sgrifennodd y llyfr yw'r un Angharad Price oedd yn siarad am Hugh Jones gynne ac mae hi'n perthyn i Wyn Tynybraich – chwaer Wyn oedd ei mam hi. Gyda choeden deulu faith, fel sy 'da nhw, mae hynny'n ddigon syml i ddeall diolch byth! A'r stori sy yn y llyfr? Stori'r teulu gyda'r tri brawd dall, sef aelodau o deulu Angharad ei hun wrth gwrs.

'Roeddwn i am gofnodi dau beth yn y llyfr mewn gwirionedd. Hanes ffordd o fyw mewn un ardal o gefn gwlad Cymru ac yna, wrth gwrs, hanes y tri brawd yn y teulu a gafodd eu geni, fwy neu lai, yn ddall. Mi sgwennais y stori o safbwynt Rebecca, sef eu chwaer a fu farw'n un ar ddeg oed. Ond mi wnes i sgwennu'r hanes fel petai Rebecca wedi cael byw a thrio rhoi y bywyd iddi hi na chafodd hi mohono fo. Mae'n dweud yr hanes ar ddiwedd ei bywyd ac yn edrych 'nôl drwy'r degawdau i gyd.'

Mae'n stori anhygoel a dyma i chi'r darn o'r llyfr sy'n sôn rhywfaint am yr hyn y cyfeiriodd Wyn ato gynne, sef gorfod anfon y ddau grwt bach i Ysgol y Deillion yn y Rhyl, yng ngeiriau Rebecca'r chwaer.

> A hithau o anian mor famol ac mor fwyn, dangosodd fy mam wrhydri rhyfeddol wrth adael i Gruff a Wili fynd oddi wrthi mor ifanc, a hwythau hefyd yn ddall. Petai ffydd yn iacháu pawb fel yr iachodd Fartimeus fab Timeus, buan y cawsai meibion Rebecca Jones, Tynybraich, eu golwg yn ôl.
>
> Taith ddiadlam fyddai eu taith at addysg: ac nid Bwlch yr Oerddrws fyddai'r unig fwlch a dramwyent. Âi'r daith â nhw o'n hiaith ni at iaith arall, o'n diwylliant ni at ddiwylliant arall, o'n gwlad ni i wlad arall, ac o'n byd ni unwaith ac am byth. Ni welem hwy eto nes bod yr arallu hwnnw ar waith.

Does gan y teulu ddim syniad hyd y dydd heddi' pam nad oedd y bechgyn yn gallu gweld. Ond mae diwedd digon calonogol i'r stori wrth i'r tri brawd fynd yn eu blaenau i fyw bywydau llawn.

'Mi aeth Gruff yr hyna o'r brodyr dall i Rydychen yn y pen draw a bu'n ficer yn Lloegr. Mi wnaeth Wili feistroli rhyw ddwsin o ieithoedd ac mi ddo'th 'nôl i Dynybraich, lle bu'n golygu a chreu testunau Braille. I fyd y teleffon aeth Lewis, dyn deallus iawn hefyd, a gweithio mewn cyfnewidfa.'

Mae'n stori anhygoel; stori sy wedi ei sgrifennu'n hyfryd er ei bod yn stori drist, dorcalonnus mewn sawl ffordd. Ond peidiwch â derbyn gair eraill, darllenwch hi eich hunain! Ac fe rown ni'r gair ola i Angharad Price, pan mae hi, trwy lais Rebecca yn *O! tyn y gorchudd*, yn cysylltu stori emyn Hugh Jones â stori ei theulu hi.

> Ychydig a wyddai Hugh Jones y byddai i'r geiriau, ganrifoedd yn ddiweddarach yng nghwm Maesglasau, adleisiau dwys i'n teulu ni.

Amen yn wir!

Pws
wrth y bar
Y Llew Coch

Roedd yn rhwydd teimlo bod pobol wedi bod yno ganrifoedd cyn i ni fod yn y Llew Coch. Roedd blas y cynfyd yn gryf fan hyn. Ac oedd e'n neud i fi feddwl y bydde pobol eraill yno ymhen blynyddoedd a chanrifoedd i ddod yn cadw'r stori i fynd.

Falle fod y Tebot Piws yn flas o'r cynfyd i rai pobol, ond ro'n ni'n gyfarwydd â mynd i'r Llew Coch yn nyddie'r band. Fan'na o'n i'n aros hefyd pan o'n i ar daith 'da Cwmni Theatr Cymru.

Arhoson ni 'mlaen ar ôl cwpla'r ffilmio fan hyn i chware tamed bach o gerddoriaeth. Na'th lot o bobol leol ymuno â ni hefyd. Pan ma 'na'n digwydd, fi'n lico jyst ishte 'nôl ac ymlacio a chware iddyn nhw. Fe drodd yn noson sbesial! Dyw e ddim yn ormodedd i ddefnyddio'r gair ysbrydol am yr ardal 'ma chwaith. Pan o'n i ddim yn ffilmio, neu doedd dim angen fi i ffilmio, fe es am dro o gwmpas ardal y Llew Coch cwpwl o weithie. Dw i'n dwlu ar goedwigoedd ac er bod lot 'da ni, ma fel petai lot yn diflannu hefyd ac yn sicr dyw e ddim fel petai pobol yn eu gwerthfawrogi'n llawn. Felly, pryd bynnag ma hynny'n bosib, fe af i am dro drwy rai o'n coedwigoedd hyfryd ni – ma fe yn llythrennol yn dro i fyd arall. Mae'n rhwydd dychmygu pob math o bethe mewn coedwig, wrth i'r gole chware tricie rhwng y canghenne ac ati. Dw i'n aml yn gweld *hobbits* yng nghoedwigoedd Cymru!

9
Dyffryn Arms, Cwm Gwaun

WEL, MAE ISHE cywiro enw'r dafarn hon cyn i ni ddechrau. Digon gwir mai'r Dyffryn Arms sy ar yr arwydd ond y fenyw â'i henw uwchben y drws sy'n rhoi ei henw i'r lle mewn gwirionedd. Elizabeth Davies yw enw'r dafarnwraig a 'Tafarn Bessie' yw hon i bawb o bell ac agos. Mae yng nghanol prydferthwch Cwm Gwaun, mewn sir sy'n llawn hud a dychymyg a lle mae blas y cynfyd i'w brofi rownd pob cornel bron. Mae'n sir sy'n gartre i lot o arlunwyr a dyw hynny'n ddim syndod o gwbl achos y naws arbennig sy i'r lle a'r golau naturiol anhygoel sy yno hefyd. Yn ôl y *Rough Guide* i Gymru, Cwm Gwaun yw un o syrpreisys mwya Sir Benfro. Mae afon Gwaun yn tarddu ym mynyddoedd y Preseli uwchben y dafarn. Ond dyna ddigon o ramantu, mae angen dweud stori Bessie a'i thafarn. Yn ôl y sôn, mae'r lle yn nwylo ei theulu hi ers yr 1840au. Yn sicr mae Bessie ei hunan wedi bod yno ers dros 60 mlynedd. Mae'r Bessie yma wedi hen gael ei jiwbilî! Mae'n siŵr mai Tafarn Bessie yw tafarn fwya hen ffasiwn Cymru a dyw hynny ddim yn golygu hen ffasiwn mewn ffordd negyddol o gwbl.

Hud, cerrig a seintiau

Dyma i chi ardal rhai o greigiau hyna Cymru a dros 5000 o flynyddoedd yn ôl, aethon nhw â rhai o gerrig yr ardal yr holl ffordd draw i swydd Wiltshire yn ne Lloegr. Nid cerrig mân ni'n sôn amdanyn nhw, ond y cerrig mwya roedd yn bosib i'w symud bron, sef y rhai sy'n ffurfio Côr y Cewri. Roedd y bobol wnaeth hynny wedi sylweddoli bod arwyddocâd ysbrydol iawn i'r tirwedd. Yn wir, pan oedd pobol yn dod draw o Iwerddon, ymhell cyn dyddiau fferi Stena, fe fydden nhw, wrth weld mynyddoedd y Preseli yn codi o'r môr o'u blaenau, yn gwbl grediniol iddyn nhw weld y man lle roedd y duwiau'n byw. Maen nhw'n dal yna mae'n siŵr.

Un o fois yr ardal yw Alun Davies ac mae e'n gwbod lot am y dyddiau cynnar iawn hyn.

'Ma Carn Ingli, y copa amlwg yn y Preseli, yn cael ei ystyried yn fynydd sanctaidd ers dechre Cristnogaeth yn yr ardal yn y lle cynta'n deg. Dyn o'r enw Brynach oedd y cenhadwr cynta 'ma, yn ôl y sôn, ac fe ddaeth e draw o Iwerddon. Roedd Brynach a Dewi Sant yn ffrindiau mawr yn y dyddiau hynny. Roedd y ddau yn mynd gyda'i gilydd i ben Carn Ingli i drafod ac i weddïo a hefyd i siarad gyda'r angylion.'

Mae lot o bobol yn siarad gyda'r angylion yn Nhafarn Bessie'r dyddiau hyn hefyd, ond stori arall yw honna! Ac mae Carn Ingli wedi bod yn ysbrydoliaeth fawr yn fwy diweddar na dyddiau Dewi a Brynach. Alun sy'n gwbod y stori...

'Un a ddaeth i aros ym Maenordy Llwyngwair, ddim yn bell o fan hyn, oedd neb llai na'r Pêr Ganiedydd ei hun, William Williams Pantycelyn. Ac yn ôl y stori, roedd yn sefyll wrth ei ffenest un dydd ac yn edrych draw at Garn Ingli a gweld y cymylau yn dod dros ei chopa. Ma'n nhw'n dweud wedyn iddo fynd ati i sgrifennu ei emyn boblogaidd, "Dros y Bryniau tywyll niwlog, Yn dawel f'enaid edrych draw".'

Wedi clywed hynna i gyd, sdim rhyfedd mai Mynydd yr Angylion yw'r enw lleol ar Garn Ingli.

Peint a thafod ffraeth

Mae cerdded mewn i Dafarn Bessie fel cerdded degawdau lawer 'nôl mewn amser. Mae teils du a theils coch yn batrwm deiamwnt ar y llawr, y math o beth fyddai ar loriau sawl tŷ yn y gorffennol ac sy mewn sawl hen dŷ hyd heddi' mae'n siŵr. Does fawr ddim ar y waliau plaen a chadeiriau pren amrywiol sy o gwmpas y stafell yfed, rhai'n ddigon bregus a simsan yr olwg. Does dim arwydd amlwg o le y dylid sefyll i ofyn am beint. Hynny yw, tan i Bessie'ch clywed chi'n dod mewn a thynnu hen ddrws glas i'r ochr uwchben yr hyn sy'n debyg i far a datgelu mai dyna'r man lle mae hi'n cwato'r cwrw. Wedi'r ordro wedyn, bant â Bessie at y casgenni sy ar lawr y tu ôl i'r lle roedd hi'n sefyll. Mae'n bwrw'r falf gyda hen forthwyl pren swmpus ac arllwys y cwrw i hen jwg wydr. O'r jwg honno y daw'r cwrw i'ch gwydr chi. Os ewch i sgwrsio â Bessie fe ddewch i weld yn fuan bod blynyddoedd y tu ôl i'r bar wedi miniogi ei meddwl a'i thafod. Mae ateb ganddi i bob sylw sy'n cael ei daflu ati. Os wnewch chi gwyno bod y cwrw'n ddrud, daw'r ateb 'nôl fel bwled, 'Cer rhywle arall 'te!' Os gynigiwch

Bessie Davies

chi lwncdestun iddi wedi derbyn eich peint a dweud 'Iechyd da', fe ddaw 'nôl gyda 'Iechyd da pob Cymro!' Ac yn aml iawn, sdim ots pwy sy yn y bar, fe wnaiff orffen y dywediad cyfarwydd gydag 'A thwll din pob Sais!' Ond, er hynny, mae ganddi lun o'r Bessie arall, Elizabeth II, ar wal y dafarn, hen, hen lun ohoni'n ifanc.

Pan nad yw hi'n paratoi'r cwrw, yn ei weini neu'n torri coed tân, mae i'w gweld yn eistedd yn ei chadair bren grand wrth ochr y lle tân mawr sy'n ganolbwynt i'r stafell. Mae'n ddigon parod i ymffrostio nad ydi hi'n defnyddio'r fath beth â *firelighters* i gynnau'r tân pren chwaith. Mae'r hen ffordd yn gweithio'n iawn meddai, ta beth yw hwnnw! Dyna lle bydd hi wedyn yn cynnal sgwrs gyda'r bobol leol neu'n pwyso a mesur bywyd pob dydd Cwm Gwaun.

Gregory, Julian a'r sêr

I bawb ym mhob cwr o Gymru, mae nos Galan ar noson ola'r flwyddyn a dydd Calan ar Ionawr y cynta. Syml. Ond nid i bobol Cwm Gwaun. Rydyn ni wedi cael blas o'r arferion hyn yn barod wrth glywed am y Fari Lwyd yn y Tŷ Cornel, Llangynwyd. Roedd y traddodiad hwnnw'n cael ei anrhydeddu ar hen ddydd Calan y Celtiaid, 13 Ionawr. Wel, mae pobol Cwm Gwaun hefyd yn dathlu'r Hen Galan. Fe glywn ni fwy nawr am y gwahaniaeth rhwng y dydd Calan rydyn ni i gyd wedi bod yn ei ddathlu ar hyd ein bywydau a'r un maen nhw'n ei ddathlu yng Nghwm Gwaun bythefnos yn ddiweddarach. Mae Bonni Davies wedi dathlu'r Hen Galan yn ffyddlon ers dros ddeugain mlynedd.

'Fel y'n ni wedi cael ein dysgu'n blant, roedd yr hen ddydd Calan ar 13 Ionawr yn rhan o'r calendr oedd yn arfer cael ei ddefnyddio cyn yr un y'n ni'n ddefnyddio nawr. Y *Julian calendar* oedd hwnnw, oedd yn bod cyn Crist. Ond, yn 1582, gyda sêl bendith y Pab Gregori, cytunwyd i newid y calendr. Ddigwyddodd hynny ddim ym Mhrydain yn swyddogol tan 1752. Ond dyw e ddim wedi digwydd o gwbl yng Nghwm

Gwaun, a Chalan Calendr Julian y'n ni'n gofio, sy'n cael ei alw'n Hen Galan y Celtiaid.'

Ar un adeg, roedd yr Hen Galan yn fwy pwysig na'r Nadolig i bobol yr ardal hon a byddai paratoadau mawr yn mynd 'mlaen am wythnosau cyn hynny. Ond beth am y busnes newid calendrau hyn 'te? Shwd mae hwnnw'n gweithio? Lwcus bod Dr Rhys Morris yn gallu galw draw i Dafarn Bessie i egluro. Mae e'n rhan o dîm astro-ffiseg Prifysgol Bryste cofiwch!

'Y cysylltiad rhwng y calendrau amrywiol a symudiadau'r sêr sy o ddiddordeb mawr i fi'n bersonol. Mae'r cyfan yn cael ei weithio allan yn fanwl iawn. Mae llwyth o wahanol fathau o galendrau wedi bodoli ac yn aml iawn, sawl calendr gwahanol yn bodoli mewn gwledydd amrywiol drwy'r byd ar yr un pryd. Er enghraifft, ma India a Siapan wedi cael eu calendrau eu hunain ac roedd gan Sweden ar un adeg galendr gwahanol i Norwy sy drws nesa iddi!'

Wel am lanast llwyr! Dychmygwch anfon neges destun heddi' a fyddai'n cyrraedd heddi', sef fory, ddoe neu wythnos nesa yn dibynnu lle rydych chi'n byw!

Mae'r hen draddodiadau sy ynghlwm â'r Hen Galan lot yn symlach. Mae Bonni yn gwbod geiriau sawl cân y bydden nhw fel plant yn eu canu wrth gasglu calennig ar 13 Ionawr. Dyma i chi un ohonyn nhw ond bydd yn rhaid i chi ddychmygu hi'n ei chanu.

> Mae dydd Calan wedi gwawrio,
> Dydd tra hynod yw i gofio,
> Dydd i roddi, dydd i dderbyn
> Yw y trydydd dydd ar ddeg o'r flwyddyn,
> Rhowch yn hael i rai gwael,
> Rhowch yn hael i rai gwael,
> Y rhai hynny sydd yn rhoddi
> Yw'r rhai hynny sydd yn cael.

Fyfe dan y ford

Faint ohonoch chi sy'n cofio'r geiriau agoriadol hyn ar raglenni teledu'r 1950au a'r 1960au, 'Hellooo therrr, I'm Fyfe Robertson' wedi eu hynganu mewn acen Albanaidd bendant ond meddal? Roedd y Fyfe Robertson o dan sylw yn gyflwynydd teledu o 1957 tan ddiwedd yr 1970au a'r rhaglenni a'i gwnaeth yn enwog oedd rhaglenni materion cyfoes, newyddion a nodwedd y cyfnod: *Tonight* ac yna *24 Hours*. Roedd ganddo ddelwedd adnabyddus tu hwnt – barf gafr a hat *trilby* o frethyn am ei ben. Tynnwyd ei sylw yntau at draddodiad yr Hen Galan yng Nghwm Gwaun a daeth â'i gamerâu gydag ef i wneud rhaglen i'r BBC yn yr 1960au. Fe ddylai fod wedi teimlo'n ddigon cartrefol yng Nghymru gan fod ei dad yn löwr a drodd yn weinidog, ac yn sicr fe wnaeth e fwynhau. Mae Bessie'n cofio'i ymweliad yn iawn.

'Roedd yr holl beth yn ddigon dwl. Roedd lot o *cheek* 'da fe a dweud y gwir. Ych a fi!'

Dim pilo wyau fa'na eto 'te Bessie! Mae'r rhaglen yn dangos stafell fyw mewn tŷ fferm uwchben Tafarn Bessie, a phawb o bell ac agos wedi ymgynnull yno ac yn canu hen ganeuon Cymraeg. Wedi clywed peth o'r canu, daw llais Fyfe 'Hellooo therrr' Robertson ar draws y cyfan.

'If you want to hear this song, you'll have to go a long way. To the place it was composed before music took to ink. To a little valley in the westernmost part of Pembrokeshire in Wales.'

Mae'n siŵr bod Sir Benfro ymhellach o bob man pryd hynny nag y mae e nawr. Cafodd traddodiad yr Hen Galan gryn dipyn o sylw trwy Brydain achos y rhaglen, ond sdim ishe i chi siarad am sbel gyda phobol Cwm Gwaun i wbod mai cymysglyd iawn oedd eu hymateb nhw iddo fe.

'Aeth fy rhieni a 'mrawd a fi lan i'r ffarm,' meddai Bonni, 'fel o'n ni wastad wedi gwneud. Wrth gyrraedd, canu wrth y drws yn ôl yr arfer eto. Cawson ni ein croesawu wedyn gan griw camera a gofyn i ni a fydde ots 'da ni ganu'r gân unwaith eto. Na, dim o gwbl medde ni. Ond roedd ots 'da ni erbyn i ni orfod

canu'r gân am y chweched tro! Ro'n nhw'n dechrau amharu ar ein noson ni erbyn hynny. Ond roedd Fyfe ei hun wrth ei fodd. Doedd ganddo fe ddim syniad pa mor gryf oedd y cwrw cartre oedd yn cael ei arllwys fel dŵr, a chyn diwedd nos roedd e'n llythrennol dan y ford, heb y *trilby*!'
O ganlyniad i'r rhaglen roedd gan Fyfe Robertson yffach o ben tost. A, na, nid dyna'r unig broblem. Roedd cymaint o bobol ishe bod yn rhan o'r dathliadau Hen Galan nesa yng Nghwm Gwaun, bu bron iddyn nhw orfod eu canslo achos diffyg lle. Roedd y cwm dan warchae!

Macsu

Ie, y cwrw cartre hwn a brofodd yn ormod i Fyfe. Mae'n unigryw i ardal Cwm Gwaun a macsu yw ei enw e. Mae'n hen hen rysáit, fel rysáit Bessie i gynnau tân. Dechreuodd esbonio shwd oedd gwneud macsu, ond ar ôl clywed am gymysgu dŵr a barlys a barlys a dŵr roedd y cyfan yn ormod. Lwcus i Lilwen McAllister alw heibio. Dyw ei rysáit macsu hi ddim cweit yr un un â Bessie falle ond mae'n mynd rhywbeth fel hyn.
'I wneud macsad ma ishe winshyn o frâg.'
Wel, 'na ddechrau da!

'Wedyn deg pownd o siwgr, 30 galwn o ddŵr a pownd o hops. Ma ishe stond wedyn a chropyn eithyn i weithio fel *strainer*. Ma ishe arllwys dŵr berwedig dros y cropyn eithyn a'r cropyn eithyn wedyn...'

Wow Lilwen, mae'r cyfarwyddiadau hyn mor fanwl mae'r pen yn troi heb gyffwrdd â diferyn! Mae'n amlwg yn broses gymhleth tu hwnt ac yn un o'n hen draddodiadau ni'r Cymry sy wedi ei basio o genhedlaeth i genhedlaeth gan bobol sy'n deall beth i'w wneud.

'Y peth am macsu, chi'n gweld, yw nad yw e'n bosib gwbod pa mor gryf ma fe. 'Na gyd allwn ni ddweud yw y lleia o ddŵr rhowch chi mewn y cryfa' bydd e. Dw i'n cofio cael hwn ar ôl bod mas yn gweithio ar y ffarm yn y gaeaf a'r sosban yn llawn macsu yn berwi ar y tân tra o'n i mas. Mewn wedyn a chael llond cwpanaid twym ohono fe, gyda thamed bach o siwgwr. Ond nid cymryd e fel diod gadarn yn unig o'n i'n neud chwaith. Ma fe'n digwydd bod yn dda iawn i annwyd hefyd cofiwch.'

Dim syndod ei fod yn dda i annwyd, mae'n siŵr o hwthu'ch pen bant! A meddyliwch fod cwrw twym yn dderbyniol. Bydden ni'n 'ala peint twym 'nôl mewn unrhyw far heddi'.

Un ferch, dau gariad

Ddim yn bell o Dafarn Bessie mae Plasdy Pontfaen. Mae'n rhaid bod merch eitha arbennig yn byw yno gan fod dau ddyn yn ei charu'n angerddol. Roedd hi wedi dechrau perthynas gydag un o'r ddau, Morus. Ond trwy ddamwain daeth Morus i ddeall ei bod hi'n caru gyda'r dyn arall hefyd, yr un pryd â fe! Yn ddigon naturiol, doedd e ddim yn hapus o gwbl. Penderfynodd y ddau ddyn bod ishe setlo'r holl fater unwaith ac am byth a threfnon nhw gyfarfod ar ben y mynydd. Aethon nhw i'r afael â'i gilydd a bu ymladd ffyrnig, gwaedlyd, y ddau yn benderfynol o ennill a chadw serch y ferch o'r plas. Ond, yn sydyn, cwympodd Morus i'r llawr wedi derbyn trawiad ffyrnig. Roedd wedi marw. Aeth y dyn arall ati yn syth i guddio pob ôl o'r llofruddiaeth a chladdu

Morus. Ac, yn ôl y chwedl, mae wedi ei gladdu o dan hen garreg, dal, syth ar ochr hewl y mynydd sy'n cael ei nabod fel Lôn Morus.

Brwydr y Preseli

Buodd bygythiad go iawn i lonyddwch a phrydferthwch y Preseli ar ddiwedd yr Ail Ryfel Byd. Yn ystod y rhyfel, roedd milwyr Americanaidd a Phrydeinig wedi bod yn ymarfer yn yr ardal. Pan ddaeth y brwydro i ben wedyn, roedd y Swyddfa Ryfel wedi gweld bod y Preseli yn fan da iawn i'w droi'n ganolfan ymarfer barhaol ac aethon nhw ati i drefnu hynny. Ond doedd cryfder gwrthwynebiad y trigolion lleol ddim yn rhan o gynlluniau'r llywodraeth. Un o fois yr ardal, y newyddiadurwr Hefin Wyn, sy'n dweud y stori.

'Y bwriad ar y pryd oedd i droi dros 16,000 o aceri at ddefnydd y gwasanaethau milwrol. Byddai hynny'n newid natur yr ardal yn gyfan gwbl yn ogystal ag amharu ar fywyd pob dydd y bobol leol. Fe fyddai ffactorau eraill hefyd, er enghraifft, byddai'r hewl o Hwlffordd i Aberteifi ar gau yn amlach na pheidio. Daeth manylion pellach i'r amlwg wedyn, oedd wedi cael eu cadw'n gyfrinach tan hynny, yn dangos bod cynllun y Swyddfa Ryfel yn dipyn ehangach eto. Roedden nhw am wthio ffin yr ardal ymarfer dipyn mwy i'r de a llyncu miloedd ar filoedd o aceri ychwanegol. Byddai teuluoedd mewn rhyw 200 o ffermydd wedi gorfod colli eu bywoliaeth.'

Ond mae unrhyw un sy'n nabod yr ardal yn gwbod na ddaeth canolfan ymarfer filwrol o'r fath i'r Preseli yn y diwedd ac un peth oedd yn gyfrifol am hynny.

'Nerth y bobol, yn syml. Fe unwyd pob rhan o'r gymdeithas yn yr ardal ac fe ddaeth pawb at ei gilydd i sefydlu grŵp i wrthwynebu'r cynllun. Ma enw'r grŵp yn ddiddorol. Nid Pwyllgor Amddiffyn y Preseli oedd e ond, yn hytrach, Pwyllgor Diogelu'r Preseli. Ma 'na ryw arwyddocâd milwrol i amddiffyn, y syniad o ymladd. Y pwyslais oedd gwarchod a diogelu yr hyn oedd yno gan symud y frwydr wedyn i fod yn un foesol hefyd.

Dyffryn Arms, Cwm Gwaun

'Ysgolfeistri a gweinidogion oedd yn arwain y frwydr fwya. Roedd tua 12 gweinidog i gyd wedi dangos eu gwrthwynebiad yn amlwg ac yn gadarn.'

Fe wnaeth y gweinidogion lot o'r traddodiad ysbrydol oedd i fynyddoedd y Preseli a nifer ohonyn nhw'n defnyddio'r gair 'sanctaidd' neu 'gysegredig' wrth sôn am yr ardal. Fe wnaeth y ddadl honno atgyfnerthu'r pwyslais ar y traddodiad hwnnw sy mor amlwg heddi'. Symudwyd y ddadl hefyd at rinweddau treftadaeth a thrysorau hanesyddol y sir, yn ogystal â phwysleisio'r gwrthwynebiad i ryfel a cholli bywoliaeth.

Roedd un o ddynion amlyca'r ardal, y bardd Waldo, wrthi'n sgrifennu yn ystod y cyfnod hwn. Ond doedd e ddim yn byw yn Sir Benfro ar y pryd. Roedd e wedi symud i Loegr i weithio a fuodd e ddim yn chwarae rhan amlwg yn y frwydr o gwbl. Ond clywodd am yr ymgyrch a sgrifennodd gerdd, un o'i rai mwya adnabyddus, sef 'Preseli'. Pan ymddangosodd y gerdd hon yng nghylchgrawn wythnosol *Y Faner* cafodd effaith ar yr ymgyrch 'nôl yn ei filltir sgwâr.

'Pan welodd pobol Sir Benfro'r gerdd yn *Y Faner*, fe fuodd hynny'n sicr yn ysbrydoliaeth iddyn nhw ac yn hwb i'w hymgyrchu brwd i weld bod cefnogaeth wedi dod gan Waldo. Llwyddodd ymgyrch y bobol ac erbyn 1948 roedd cynlluniau'r llywodraeth wedi eu rhoi o'r neilltu. Mae'n debyg bod cryfder y bobol wedi bod yn gryn syndod iddyn nhw, a nhw mae'n siŵr yn meddwl y byddai buddugoliaeth yr Ail Ryfel Byd wedi sicrhau ysbryd gwladgarol a hyderus ymhlith y bobol. Dyna'r math o ysbryd a fagwyd, ond un Cymreig, a dyna'r un oroesodd.'

Preseli

Mur fy mebyd, Foel Drigarn, Carn Gyfrwy, Tal Mynydd,
Wrth fy nghefn ym mhob annibyniaeth barn.
A'm llawr o'r Witwg i'r Wern ac i lawr i'r Efail
Lle tasgodd y gwreichion sydd yn hŷn na harn.

Ac ar glosydd, ar aelwydydd fy mhobl –
Hil y gwynt a'r glaw a'r niwl a'r gelaets a'r grug,
Yn ymgodymu â daear ac wybren ac yn cario
Ac yn estyn yr haul i'r plant, o'u plyg.

Cof ac arwydd, medel ar lethr eu cymydog.
Pedair gwanaf o'r ceirch yn cwympo i'w cais,
Ac un cwrs cyflym, ac wrth laesu eu cefnau
Chwarddiad cawraidd i'r cwmwl, un llef pedwar llais.

Fy Nghymru, a bro brawdoliaeth, fy nghri, fy nghrefydd,
Unig falm i fyd, ei chenhadaeth, ei her,
Perl yr anfeidrol awr yn wystl gan amser,
Gobaith yr yrfa faith ar y drofa fer.

Hon oedd fy ffenestr, y cynaeafu a'r cneifio,
Mi welais drefn yn fy mhalas draw.
Mae rhu, mae rhaib drwy'r fforest ddiffenestr.
Cadwn y mur rhag y bwystfil, cadwn y ffynnon rhag y baw.

Blodeugerdd o Farddoniaeth Gymraeg yr Ugeinfed Ganrif,
gol. Gwynn ap Gwilym ac Alan Llwyd (Gomer/Barddas)

Pws
wrth y bar
Dyffryn Arms

Gewch chi ddim enghraifft well o'r gwahaniaeth rhwng tafarn fel adeilad yn unig a thafarn fel man ag ysbryd ac enaid ei hunan. A heb os, yn y Dyffryn yr ysbryd a'r enaid yw Bessie. Ma'r adeilad ei hun yn rhywbeth o'r gorffennol pell. Does dim byd yn amlwg yn y dafarn ei hun i awgrymu y dyle chi aros am beint 'na. Hynny yw, nes bod y drws gwydr 'na'n llithro 'nôl uwchben y bar a wyneb Bessie yn ymddangos. Wedyn ma'r lle'n dod yn fyw. Ac er nad rhyw 'helo, shwd mae?' bach digon serchus gewch chi bob tro, does dim amheuaeth mai Bessie sy'n dod â'r lle yn fyw. Bessie yw y dafarn.

Cwrw neu bop gewch chi yn y dafarn, dim ffrils, dim byd ychwanegol. Daeth rhyw fenyw eitha posh mewn un dydd, ac wedi deall mai peint o chwerw neu lemonêd oedd y dewis iddi, dewisodd y lemonêd, gan ofyn hefyd, 'Have you got any ice?' 'Na gyd 'naeth Bessie oedd rolio'i llyged at y nenfwd a chau'r drws gwydr yn wyneb y fenyw posh. Daeth Bessie rownd o du ôl i'r bar wedyn ac ishte gyda rhai o'r ffyddloniaid a 'ma hi'n dweud wrthyn nhw, gan edrych draw at y fenyw posh, 'Os odyw hi moin ia, gall hi ddod 'nôl yn y gaea'!

Ma stori grêt amdani hi a'i gŵr hefyd. Roedd hi'n awyddus iawn i gael pâr o sgidie newydd. Ond roedd ei gŵr yn gwrthod eu prynu iddi. Bessie ei hunan sy'n dweud y stori 'ma cofiwch, er nad oedd hi'n awyddus i'w dweud ar y rhaglen deledu. Beth bynnag, y nosweth hynny, a'r ddau yn y gwely, ma'r gŵr yn dechre mynd tamed bach yn gyfeillgar gyda Bessie dan y dillad gwely. Trodd Bessie ato fe a dweud yn blwmp ac yn blaen, 'If you can't shoe the horse, you can't ride it!'

Oes, ma ateb gan Bessie i bopeth ac mae'n gallu rhoi pawb yn eu lle. Mae hi fel petai'n nodweddiadol o'r ardal, sy ddim fel petai'n perthyn i weddill Cymru rhywsut. Nid ei fod yn wrth-Gymreig na dim byd fel'na, mae jyst fel petai'n rhan o fyd tylwyth teg yn y ffordd ore bosib.

Ar ôl sawl ymgais, a wedi lot fawr o gywiro gan y Prifardd Idris Reynolds, dw i wedi llwyddo i sgrifennu englyn i Bessie annwyl. Dyw hynny ddim yn digwydd yn amal, felly ma hwn yn waith prin iawn!

Awn ni draw yn ddau neu dri – yn y nos,
    Yn ysu am firi.
Heno hedd y medd i mi
A Bass ein hannwyl Bessie.

10

Y Ring, Llanfrothen

LAN Â NI reit i gesail Cymru nawr ac i ardal tre Porthmadog, neu Port i'r bobol leol. Fe wnawn ni adael y dre a mynd lan i bentre bach Llanfrothen sy yng nghanol y wlad yn edrych lawr ar y dre fawr. Wel, wrth ddweud 'yng nghanol y wlad', rhaid cofio ei fod e'n arfer bod ar lan y môr, ond mwy am hynna wedyn. Dyma ardal teulu'r dyn wnaeth greu pentre Eidalaidd Portmeirion, lle gwnaeth Lloyd George dipyn o enw iddo'i hun cyn bod neb arall yn gwbod pwy oedd e a lle mae Duffy a Supergrass wedi gwneud fideos roc. A llawer mwy hefyd wrth gwrs, ond dydyn ni ddim ishe dweud popeth yn y paragraff cynta. Wrth agosáu at y dafarn yn Llanfrothen ei hun, gwelwn ei henw yn amlwg mewn llythrennau du ar wal wen: Brondanw Arms. Ie, dyma dafarn arall a chanddi ddau enw. Felly, cystal dechrau gyda'r stori honno 'te, ac mae yna ddau i ddweud y stori tro hwn gan mai'r ddau sy berchen y lle yw Emlyn a Gruff.

Y Ring, Llanfrothen

Y Ring – pedwar esboniad!

Gruff sy'n cynnig yr esboniad cynta ac yn cyfeirio at ddarn o graig, heb fod yn bell o'r dafarn, sy'n gwthio'i ben trwy'r gwair. Yn sownd yn y graig, mae cylch haearn ac mae braich haearn tua saith neu wyth modfedd yn sownd i'r cylch. Ar ben y fraich, mae cylch arall ac mae'r cwbl yn edrych yn ddigon solet.

'Ar y *ring* yma yr oeddan nhw'n arfer clymu'r cychod cyn bod y Cob, y stribed o lôn gul sy'n mynd mewn ac allan o Port, yn cadw'r môr draw. Byddai cychod yn dod i fyny at Lanfrothen yr adeg hynny ac yn y fan yma y bydden nhw'n clymu unrhyw gwch.'

'Neu,' medde Emlyn, 'roedd 'na efail ar draws y llwybr i'r *ring* yma ac mae'n bosib hefyd mai clymu ceffylau iddi y bydden nhw'n gwneud yn y gorffennol. Felly, yr un *ring*, ond naill ai clymu ceffyl neu gwch iddo.'

Dyna ddau esboniad. Mae Emlyn am fynd 'nôl i'r dafarn, ac wrth ymyl y lle tân agored hyfryd mae'n cynnig y trydydd esboniad.

'Roedd lot fawr o chwareli yn yr ardal yma ar un adeg mewn mannau fath â Croesor, Cwmorthyn, Pantpoeth, Bro Mawr ac ati. Ar bnawn Gwener, mi fydda llinell hir o chwarelwyr yn cerdded adre yn eu sgidiau hoelion, yn sychedu am beint ddiwadd wythnos. Mi fydda un ar y tu blaen yn gofyn i'w bartnar, "Ti'n mynd i'r Inn heno?" A'r rhai tu 'nôl yn gofyn yr un peth i'w cyd-weithwyr nhw. Erbyn cyrraedd diwedd y llinell, roedd y cwestiwn wedi troi i swnio fel petae'r chwarelwr yn gofyn, "Ti'n mynd i'r Ring heno?" Os ddwedwch chi o'n ddigon cyflym, mae'n hawdd ei glywed o!'

Sawl peint sy ishe gynta 'te Emlyn bach? Ond, dyna ni. Esboniad rhif tri. Mae un ar ôl ac mae'r ddau ddyn am fynd 'nôl tu fas ac i gefn y dafarn. Wrth sefyll wrth ymyl y ffens ac edrych dros y caeau daw'r stori ola.

''Nôl yn nyddiau'r porthmyn, mi fydda'r cae yma'n llawn anifeiliaid,' meddai Gruff, 'wrth i'r dynion ddod â'u stoc yma i gynnal arwerthiant. Felly, mi fydden nhw hefyd yn gosod

Straeon Tafarn

auction ring yn y cae ar gyfer y gwerthu. Dyma'r dafarn lle bydden nhw'n cael peint, pryd o fwyd ac aros dros nos hefyd mae'n siŵr, ger yr *auction ring*.'

Dyna ni 'te. Lle i glymu cwch, lle i glymu ceffyl, geiriau'n newid wrth fynd o geg i geg a lleoliad ocsiwn. Digon o ddewis, ond yn ddiddorol iawn daw pob un o'r esboniadau o draddodiad y gweithwyr – y pysgotwr a'i gwch, y gof neu'r ffermwyr a'u ceffylau, y chwarelwyr a'u cwestiwn sychedig a'r porthmyn yn gwerthu stoc. Sdim ots pa un sy'n gywir, mae'r pedwar esboniad yn dweud lot am hanes yr ardal.

Y Cob

Mae'n rhaid mynd 'nôl at un o'r esboniadau hynny i wbod mwy. Os ydi pentre Llanfrothen yng nghefn gwlad, pam oedd ishe rhywle i glymu cychod yn y lle cynta? Diolch byth, mae eglurhad gan yr hanesydd sy'n hoffi mynd o dafarn i dafarn i rannu talpiau o hanes Cymru gyda phwy bynnag sy'n fodlon gwrando, John Davies.

'Adeiladu'r Cob yw'r rheswm pam ma Llanfrothen yng nghefn gwlad y dyddie 'ma. Pan adeiladwyd y Cob, er mwyn cau aber afon Glaslyn a chau'r môr allan trwy godi arglawdd mawr, sychwyd darnau eang o dir. Arglawdd, neu *embankment*, yw ystyr 'cob'. Cyn y Cob felly, y Ring fydde'r darn tir sych ola cyn cyrraedd y môr, y darn tir ola ym Meirionnydd wedyn. Moryd fydde'n agor mas o flaen y dafarn. Ond erbyn heddi', wrth gwrs, dy'n ni ddim yn gallu meddwl am y fath beth a ry'n ni wedi colli'r syniad bod yr Wyddfa'r adeg hynny yn edrych mewn i'r drych. Ond 'na fe, ma'r drych wedi mynd.'

Rhyfedd meddwl bod y gwaith o adeiladu'r Cob wedi newid tirwedd y rhan hon o Gymru shwd gymaint. Rhyfeddach fyth o wbod mai syniad un dyn oedd y cyfan ac i'r gwaith o'i adeiladu ddechrau dros 200 mlynedd yn ôl. William Alexander Maddocks oedd y gŵr bonheddig hwnnw ac roedd ganddo gysylltiadau Cymreig. Fe wnaeth ei gartre yn Nhan yr Allt ar gyrion Porthmadog, gan ei droi yn blasdy regentaidd cynta'r

Y Ring, Llanfrothen

Gogledd. Ond doedd Porthmadog ddim yn bod pryd hynny, ar ddiwedd y ddeunawfed ganrif. Mr Maddocks oedd yn gyfrifol am adeiladu'r dre a'i bedyddio hefyd. Hynny yw, os nad ydych chi'n credu iddi gael ei henwi ar ôl Madog ab Owain Gwynedd. Mae'r cyfeiriadau cynta at Borthmadog yn dyddio i gyfnod William Alexander.

Fe gododd e ddau Gob, y cynta wrth ymyl ei stad yn Nhan yr Allt er mwyn gwneud ei stad yn fwy. Yna, aeth ati i godi'r Cob mawr, yr un sy yno heddi'. Y rheswm dros gael y syniad yn y lle cynta oedd ei fod am fanteisio ar y cyfle newydd oedd wedi codi i geisio cysylltu Llundain â Dulyn wedi uno Prydain ac Iwerddon. Swnio'n gyfarwydd? Ie, dyna'r union beth wnaeth Thomas Telford yn y diwedd wrth adeiladu'r hewl o Lundain oedd yn mynd heibio ble mae tafarn y Douglas, Bethesda, heddi'. Petai Maddocks wedi cael ei ffordd, byddai'r hewl wedi mynd ar draws ei dir yntau, draw at Borthdinllaen ar Benrhyn Llŷn ac oddi yno y byddai'r fferi wedi gadael am Ddulyn. Ac i fan'na bydden ni'n mynd heddi' i ddal y fferi ac nid i Gaergybi mae'n siŵr.

Ond, wedi sicrhau deddf yn y senedd i gael caniatâd aeth y gwaith ar y Cob yn ei flaen. Bu hyd at dri chant o weithwyr wrthi'n ei adeiladu. Ac wedi lot o drafferthion, tywydd gwael a misoedd lawer o waith caled, agorwyd y Cob. I ddathlu'r agoriad, cynhaliwyd pedwar diwrnod o wledda ac eisteddfota! Roedden nhw hyd yn oed yn cynnal eisteddfod i nodi agor hewl newydd y dyddiau hynny!

Heddi', mae'r hewl yn dal i fynd ac erbyn hyn hefyd mae rheilffordd stêm yn pwffian 'nôl a 'mlaen i Flaenau Ffestiniog ar y Cob. Syniad Maddocks oedd y rheilffordd hefyd, er mwyn cario llechi yn syth o Flaenau Ffestiniog i borthladd Porthmadog. Roedd yn amlwg yn dipyn o foi ac fe gyflawnodd lot fawr. Yn ôl y sôn, roedd yn dipyn o actor hefyd yn ei amser sbâr!

Tan yn ddiweddar, roedd yn rhaid talu i groesi'r Cob a dyna lle roedd dau ddyn yn eistedd ar eu cadeiriau pren yn casglu'r doll bum ceiniog, un ar y ffordd mewn a'r llall ar y ffordd mas.

Ond, ers 2003, gallwn gadw ein pum ceiniogau prin gan fod y Cynulliad nawr yn berchen ar y ffordd a does dim angen casglu tollau, wel, dim tollau'r Cob ta beth.

Chwareli di-ri a dril go arbennig

Y chwareli oedd yn rhoi bwyd ar y ford yng nghartrefi'r rhan fwya o bobol Llanfrothen a'r ardal. Roedd llwyth ohonyn nhw! Yn y Ring, mae Edgar Parry Williams yn sôn am gysylltiad ei deulu â'r diwydiant llechi.

'Mae bywyd y chwarel yn mynd yn bell yn ôl yn ein teulu ni. Roedd fy nhad, fy nhaid a'm hen daid yn sicr yn chwarelwyr a dwn i ddim faint oedd cyn nhw. Yn chwarel Croesor roedden nhw ac fe'i hagorwyd yn 1856. Croesor a'r lleill, rhai fath â Brondanw, Hafod Ucha, Llidiart Arian, y Parc a nifer o rai eraill oedd prif gyflogwyr yr ardal ac os oeddech chi'n hogyn ifanc yn unrhyw un o'r pentrefi o gwmpas, doedd dim dewis ond bod yn chwarelwr. Roedden nhw'n cerdded i'r chwarel wrth gwrs, gwneud diwrnod caled o waith ac yna cerdded adre. Roedd nifer yn berchen ar dyddynnod a galw wedyn i wneud gwaith yn fan'no gyda'r nos. Roedden nhw'n bobol wydn iawn. Ac wrth gwrs, yn aml, os oedd y tad a'r mab yn y chwarel, y fam fyddai'n rhedeg y ffarm.'

Mae'n ddarlun o fywyd caled yn sicr. Roedd chwarel Croesor o flaen ei hamser am mai dyma'r chwarel gynta i gael trydan ynddi. Ac mae'n amlwg ei fod yn gyfnod o ddyfeisgarwch. Daeth ymwelydd arall i'r Ring, Peredur Hughes, ac roedd ganddo fwystfil o declyn yn ei law oedd yn edrych fel Hoover hen ffasiwn clogyrnaidd. Roedd wedi ei wneud o ddur ac yn arian ei liw. Wel beth oedd e 'te?

'Dril Moses Kellow 'di hwn. Fo oedd rheolwr chwareli Croesor a'r Parc ac mi oedd yn beiriannydd o fri hefyd. Dim ond dau o'r driliau yma sy'n bodoli yn y byd i gyd!'

Yn y dyddiau hynny, roedd pob dril yn gweithio dan bŵer awyr. Ond roedd dril Moses yn dra gwahanol.

'Mae'r dril yma'n gweithio hefo dŵr. Roedd wedi sicrhau

Y Ring, Llanfrothen

deddf yn y senedd i gael caniatâd i'w ddatblygu. Mae yna dyrbein dŵr yn y pen, yng nghâs y peiriant, ac mae'n gweithio o dan 700 modfedd sgwâr o bwysau dŵr. Mae hynny'n cael ei wthio drwy'r pibau i droi'r dril. Mae'n creu digon o bŵer i'r dril wneud twll saith troedfedd yn y llechen mewn munud yn unig! Does yr un dril heddiw'n gallu gweithio fel yna.'

Ond roedd problem. Er mwyn iddo weithio'n iawn yn y chwarel roedd angen cysylltu troedfeddi o bibellau i'r dril i gario'r dŵr i'r tyrbein. Doedd hynny ddim yn gwneud synnwyr busnes da iawn ac aeth yr hen Foses i'r coch a bu bron iddo gael ei foddi gan drafferthion ariannol mawr. Yna, yn 1912, llosgwyd sawl sièd bren yn y chwarel, gan gynnwys yr un oedd yn dal y dril. Ond, trwy lwc, roedd Moses wedi yswirio'r cwbl am bris uchel iawn, os chi'n deall!

Yr un Moses Kellow wnaeth ddyfeisio ffordd i gloi llechi at ei gilydd er mwyn eu defnyddio mewn adeiladau. Mae enghraifft o hyn yn yr hen dŷ sy wrth ymyl yr hewl ar ben y Cob lle ro'n nhw'n arfer casglu tollau. Mae'r llechi sy'n cloi at ei gilydd ar y wal yn y tŷ.

Bedd, sant a Lloyd George

Mae pentre Llanfrothen wedi ei enwi ar ôl sant o'r enw Brothen. Roedd e'n fab i ddyn ag enw crand, Helig ap Glannog. Roedd y tad yn arglwydd ar deyrnas gyfan a foddodd mewn stori debyg iawn i Gantre'r Gwaelod. Yn ôl y sôn mae'r mab, y sant, wedi cael ei gladdu ym mynwent eglwys y pentre ac yn yr eglwys ei hun, mae yna ffenest sy'n dyddio 'nôl i'r 13eg ganrif. Roedd y fynwent hon yn ganolbwynt i frwydr go ffyrnig ychydig dros ganrif yn ôl ac mae Marian Roberts yn gwbod pam.

'Mae dyn o'r enw Robert Roberts yn y fynwent ond roedd llwyddo i'w gladdu yno'n frwydr hir a drodd yn go gas. Roedd o am gael ei gladdu drws nesa i'w ferch, ger yr eglwys. Ond roedd o'n anghydffurfiwr ac wedi troi ei gefn ar yr eglwys a'i system. O ganlyniad, doedd ficer Llanfrothen ddim yn fodlon o gwbl claddu Robert Roberts ym mynwent yr eglwys. Ei ddadl o oedd mai ar gyfer eglwyswyr yn unig oedd y fynwent honno. Ond roedd teulu Robert yn gweld pethau'n wahanol ac fe wnaethon nhw ddadlau'n ffyrnig o blaid ei hawl i gael ei gladdu lle'r oedd yn dymuno.'

Galwodd y teulu am help un dyn o'r enw David Lloyd George, oedd yn gyfreithiwr ar y pryd, a phenderfynodd e dderbyn achos y teulu. Profodd i fod yn achos pwysig yng ngyrfa Lloyd George ei hun hefyd.

'Dadl Lloyd George oedd mai tir y plwyf oedd mynwent yr eglwys a bod hawl gan unrhyw un o'r plwyfolion i gael eu claddu yno. Enillodd ei achos ac mi aed ati i drefnu angladd Robert Roberts. Ond, er hynny, roedd y rheithor yn benderfynol o wneud ei orau glas i rwystro'r angladd rhag mynd yn ei flaen. Mi wnaeth o gloi clwyd y fynwent yn sownd a gwrthododd roi'r elor i'r teulu gludo'r arch o'r cartre i'r eglwys. Roedd yn dair milltir o bellter i gario'r arch a'r hyn wnaed wedyn, am nad oedd elor, oedd ffurfio rhes o bobol a phasio'r arch ar hyd y rhes a chyrraedd yr eglwys yn y diwedd.

'Pan gyrhaeddon nhw roedd y glwyd wedi cael ei chloi eto ond roedd rhai o'r bobol wedi dod ag offer torri efo nhw, felly mewn â nhw. Bu'n rhaid i'r torrwr beddi daflu ei holl offer dros y wal er mwyn agor y bedd. Wedi rhoi Robert i orffwys o'r diwedd, druan ohono, aeth Lloyd George â'r achos ymhellach. Dadleuodd yn llwyddiannus yn yr Uchel Lys dros yr hawl i gael eich claddu unrhyw le yn eich plwyf. Wel, mi ddo'th yntau'n arwr wedyn ymhlith capelwyr Cymru gyfan.'

Ac mae John Davies yn cytuno â hynny!

'Ymhen dim wedi hynny fe ddo'th Lloyd George yn Aelod Seneddol Bwrdeisdrefi Caernarfon. Doedd neb wedi clywed amdano cyn yr achos yma ac felly gallwn ni ddweud mai yn Llanfrothen y dechreuodd Lloyd George ei yrfa.'

Yr hwntw mawr

Mae yna sawl crwydryn wedi bwrw heibio i bentre Llanfrothen. Gerallt Gymro yn un a George Borrow yn un arall. Shelley hefyd – na, nid Shelley Rees, Stacey *Pobol y Cwm* gynt, ond y bardd Percy Bysshe Shelley. Go brin bod yr enw Thomas Edwards yn mynd i gael ei ychwanegu at y rhestr. Ond creodd hwnnw gryn argraff ar yr ardal a hynny o dan ei enw anwes, yr Hwntw Mawr. Mae'n amlwg yn ôl yr enw o le roedd e'n dod, o'r Gogledd – ie, wir, roedd yn cael ei alw yn 'Hwntw Mawr' am iddo weithio am gyfnod yn ne Cymru.

Roedd e'n ddyn mawr cryf cyhyrog a chafodd job un tro yn cywiro'r Cob ar ôl storm enfawr. Tra oedd e'n gweithio yno, clywodd fod arian mawr yn un o'r ffermydd cyfagos. Penderfynodd ei fod am ddwyn yr arian ac aeth ati pan oedd e'n gwbod fod pawb mas o'r tŷ yn gweithio ar y cynhaeaf. Ond doedd pawb ddim mas. Roedd Mary Jones y forwyn yn dal yn y tŷ yn gwneud bwyd i bawb arall. A, do, fe laddodd yr Hwntw Mawr Mary a hynny gyda siswrn cneifio.

Gwelodd rhai o'r lleill e'n ffoi o'r tŷ a dyma pawb yn mynd ar ei ôl. Dalion nhw e wrth yr afon a bu ymladd ffyrnig. Cwympodd un dyn i'r afon yn farw, ewythr Mary. Daliwyd yr Hwntw yn y diwedd ac aeth o flaen ei well. Penderfynwyd y dylai gael ei grogi'n gyhoeddus a dyna'r weithred ola o'r fath yn Sir Feirionnydd.

Mae Mary wedi ei chladdu ym mynwent yr eglwys ac yn ddigon rhyfedd mae enw'r Hwntw Mawr, y dyn a'i lladdodd, yn cael ei nodi ar y bedd hefyd. Mynwent fach yw mynwent eglwys Llanfrothen, ond bois bach mae 'na straeon ynddi!

Tŵr anorffenedig a phentre Eidalaidd

Os ewch chi am dro drwy Lanfrothen, mae'n siŵr y gwnewch chi sylwi bod adeiladau'r pentre yn ddigon tebyg i'w gilydd. Maen nhw'r un lliw, yr un math o siâp ac mae lot o bethe bach od fan hyn a fan draw sy'n debyg i gerfluniau bach lliwgar. Un dyn sy'n gyfrifol am hyn i gyd a'r enwog Syr Clough Williams-Ellis yw hwnnw. Cafodd o leia un o'i wyrion ei eni a'i fagu yn Llanfrothen, ac yn y Ring fe ddwedodd yr awdur Robin Llywelyn stori ei deulu.

'Mi ges i fagwraeth grêt yn y pentre fan hyn, digon o le i chwarae yn y caeau ac ar y bryniau o gwmpas. Roedden ni i gyd fel plant yn eifr gwyllt ar hyd y fro! Mi wnaeth fy nhaid etifeddu Plas Brondanw tua dechrau'r ganrif ddiwetha. Mae'n hen hen blas sy'n dyddio i'r bymthegfed ganrif, a deud y gwir i ddyddiau cyn-deidiau fy nhaid. Pan gafodd Brondanw iddo'i hun, adnewyddodd y lle ond roedd wedi canolbwyntio ar ddatblygu'r ardd. Am bob punt roedd yn ennill, roedd yn gwario punt arall ar waith yn yr ardd. Dyma lle cafodd o ei ysbrydoli i fod y bensaer ac yn sicr yn bensaer oedd yn hoffi tirlunio.'

Yn yr ardd odidog hon, mae yna dŵr wedi ei adeiladu o garreg, wel, bron â bod wedi ei adeiladu. Dyw'r gwaith ddim cweit wedi gorffen eto.

'Pan briododd 'nhaid ag Amabel Strachey yn 1915, roedd efo'r Ffiwsilwyr Cymreig. Pan ofynnon nhw iddo beth oedd o isho fel anrheg priodas, gan ddisgwyl iddo ddeud rhywbeth fel llestr mae'n siŵr, mi ddwedodd yn syth, "Tŵr!" A dyna ddigwyddodd, cafodd arian i godi'r tŵr roedd yn dyheu i'w godi ym Mrondanw, sef tŵr anorffenedig. Mewn gwirionedd, roedd am adeiladu adfail!

'Yn yr 1920au wedyn, roedd un o ddynion adran henebion y llywodraeth ar daith yn nodi unrhyw adeilad o werth.

Y Ring, Llanfrothen

Yn y Ring, dyma fo'n gofyn i rywun am yr adfail o dŵr ym Mrondanw ac a oedd stori y tu ôl i'w godi. Mi gafodd yr ateb yn syth, "Newydd orffan adeiladu'r tŵr ma Mr Williams-Ellis, does dim digon o amser wedi bod am chwedlau eto!"'

Mae'r tŵr wedi denu sylw pawb sy wedi ei weld dros y blynyddoedd gan gynnwys camerâu cwmnïau ffilm. Soniwyd eisoes am y ffilm *The Inn of the Sixth Happiness*, a ffilmiwyd un o'r golygfeydd yn y tŵr. Ac yn 1983 cafodd ffilm arbennig i nodi 20 mlynedd ers creu Doctor Who ei ffilmio yno hefyd. Roedd *The Five Doctors* yn cynnwys pum Doctor Who, credwch neu beidio! Lawr yr hewl, yn ardal Cwm Bychan, Llanbedr, ger Harlech, y ffilmiwyd y rhan fwya ohoni. Beth bynnag, 'nôl at Frondanw. Llosgodd y lle yn yr 1950au a'r hyn wnaeth Clough Williams-Ellis oedd casglu peth o'r llwch a'i gladdu mewn cerflun hyfryd sy yn y gerddi. Steil chi'n galw hynna, neu ecsentrisiti, un o'r ddau!

'Roedd fy nhaid wrth ei fodd efo pensaernïaeth frodorol Gymreig: y bythynnod fel y gwelwch chi nhw yn Llanfrothen, y rhai wyneb carreg a'r rhai wedi eu gwyngalchu, y defnydd o'r llechi ac ati. Falla y bydda fo'n eu defnyddio ychydig yn fwy cywrain ac yn fwy mesuredig na'r dull brodorol ond eto i gyd roedd y cyfan mewn arddull Gymreig iawn.'

Ond, wrth gwrs, campwaith enwog Syr Clough yw Portmeirion, y pentre yn y dull Eidalaidd. Roedd wedi bod yn chwilio am fan i adeiladu pentre delfrydol. Un dydd, wel, gall Robin ddweud y stori – mae e'n perthyn!

'Damwain lwyr oedd y cyfan mewn gwirionedd. Roedd yn chwilio am lecyn pwrpasol i greu pentre pan ofynnodd ewythr iddo a oedd yn gwbod am unrhyw un fyddai isho prynu stad a thir oedd wedi mynd â'i ben iddo rywfaint yn Aber Iâ. Wedi gweld y lle, dywedodd 'nhaid na fyddai neb am brynu'r fath le oherwydd ei gyflwr. Ond mi gymrodd drueni dros ei ewythr a'i brynu ei hun heb unrhyw fwriad i wneud dim ag o. Ond, mi roddodd y syniad am ei bentre delfrydol a'r darn tir newydd o'i eiddo at ei gilydd, a dyna ni!'

Rhyfedd ffordd mae pethe'n dechrau on'd yfe? Dechreuwyd

y gwaith o greu'r pentre yn 1925 a daeth i ben yn 1975. Does dim amheuaeth bod gofal ac amser wedi mynd i greu'r pentre hwn a rhoi sylw i bob manylyn. Erbyn hyn, mae Portmeirion yn un o brif atyniadau'r Gogledd ac yn denu sylw pawb o bob man. Mae lot o sêr y byd wedi bod yma, Syr Paul McCartney, Frank Lloyd Wright, Gregory Peck – yn chwilio am y morfil a aeth ar goll yn y môr ger Abergwaun mae'n siŵr! Ym Mhortmeirion y sgrifennodd Noël Coward ei ddrama *Blithe Spirit*. Ac, wrth gwrs, dyma oedd lleoliad *The Prisoner*, y gyfres deledu gwlt o'r 1960au gyda Patrick McGoohan. Mae'r ddawn greadigol yn dal yn y teulu hefyd. Nid yn unig mae Robin yn awdur, pan nad yw'n gyfrifol am redeg Portmeirion, ond mae gor-nai Syr Clough, David Williams-Ellis yn gerflunydd a fe wnaeth y cerflun anhygoel o Grav sy ym Mharc y Scarlets, Llanelli.

Erbyn heddi', mae Portmeirion, y Plas a'r Ring yn nwylo elusen. Felly chaiff neb eu gwerthu fyth a byddan nhw i gyd yn aros yn nwylo'r Cymry, fel y byddai Syr Clough yn dymuno. Ond beth yw arwyddocâd Portmeirion a Brondanw i ŵyr y dyn a ddatblygodd y ddau?

'Mae yna debygrwydd rhwng y ddau le yn sicr. Mae

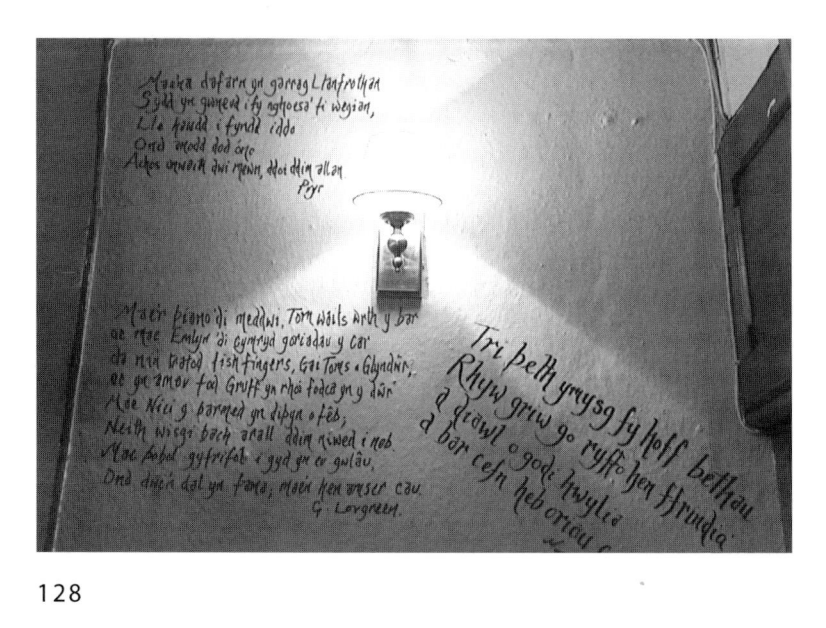

Y Ring, Llanfrothen

Portmeirion, wrth gwrs, yn llawer mwy lliwgar, ymfflamychol ac ymffrostgar. Ond ma lot yn dweud bod gwaith fy nhaid ym Mrondanw yn llawer pwysicach o ran datblygiad ei arddull o ei hun.'

Un fach arall...

A dyna ni'n gadael y Ring. Wrth wneud hynny, beth am bwyso a mesur rhyw eiriau o ddoethineb sy wedi eu hysgrifennu ar wal y dafarn. Yng nghanol pwt gan y prifardd Myrddin ap Dafydd a phwt hirach gan Geraint Lovgreen, mae rhywun wedi rhoi'r geiriau hyn:
"Nes i ddarllen rhyw dro fod cwrw yn ddrwg i chi. Rois y gorau i ddarllen.'

Pws
wrth y bar
Y Ring

Beirdd a chantorion bia hi yn y Ring, heb os. Ma digon o'n bandie Cymraeg ni'n canu yno, ma rhai o'n beirdd ni wedi sgriblo ar y walydd a'n llenorion yn hoff o fynd 'na am beint. Ond camgymeriad mawr fydde meddwl bod y dafarn yn lle *stuffy*. Ma digon o hwyl 'ma.

Tra o'n i yng nghanol ffilmio, daeth un dyn mewn a gofyn am ddiod. Fe wna'th un o'r ddau sy'n rhedeg y lle droi ato a dweud yn ddigon cwrtais ein bod ar ganol ffilmio a doedd dim modd rhoi sylw iddo am foment. Doedd yr ymwelydd ddim yn hapus am hyn o gwbl, roedd wedi pwdu go iawn. 'Do you realise,' medde fe, 'I've taken 20 minutes to get here?' Ac yna cafodd ateb a fyddai wedi plesio Bessie lawr yng Nghwm Gwaun, 'Well, look on the bright side, it'll only take you 20 minutes to get back then!' A mas â fe a'i gynffon rhwng ei goese!

Ma 'na deimlad da yn y dafarn hon, bob tro. Mae'n lle

sy'n gwneud i ymwelwyr deimlo eu bod nhw wedi dod i wlad wahanol iawn. Ond dyw'r gwahaniaeth ddim yn cael ei orfodi, mae'n gwbl naturiol. Fel'na ma pethe. Pan dwi mewn lle fel'na wi'n cael yr argraff bendant bod yn well gan ymwelwyr dafarne fel hon sy'n cynnig profiad gwahanol i'r un maen nhw'n ei gael gartre. Ma'n nhw'n gwbod wedyn eu bod nhw wedi bod i fan â'i hunaniaeth ei hunan.

Dwi ddim yn meddwl chwaith bod adeiladu tŵr anorffenedig yn syniad mor dwp â hynny. A dweud y gwir, dwi wedi gwneud rhywbeth tebyg. Dwi wedi sgrifennu cerdd sy heb ei gorffen, rhag ofn i fi farw rhwng dwy gerdd. Bydd un 'da fi'n barod wedyn a honna fydd cerdd anorffenedig Dewi Pws!

11

Y Red Lion, Llangadog

ARDAL Y MYNYDD Du yw ardal y dafarn hon, ardal agored, wyllt a rhamantus. Hynny yw, pan nad yw Jeremy Clarkson neu Richard Hammond yn sgrialu ar hyd yr hewlydd. Maen nhw'n lico ffilmio profion ceir ar gyfer *Top Gear* ar y mynydd hwn, yn enwedig rownd yn Nhro'r Gwcw. Ym mhentre Llangadog, rhwng Llandeilo a Llanymddyfri, roedd un o wleidyddion amlyca Cymru'n tyfu tomatos. Hefyd, dyma lle roedd rhai o gigs byw cynta un o'r bandiau Cymraeg gorau erioed, neb llai nag Edward H. Dafis! Atgofion melys o nosweithiau gwyllt! Mae'r pentre yng nghysgod Garn Goch, man sy'n dyddio 'nôl i ddyddiau'r Celtiaid a lle mae olion caer o'r oes haearn. Maen nhw'n dweud bod Caratacus ei hunan, brenin yn y ganrif gynta, wedi cerdded ar hyd y Garn Goch. Oddi wrtho fe geson ni'r enw Caradog. Ar ochr yr hewl yng nghanol y pentre, mae un o 600 o dafarnau yng Nghymru a Lloegr o'r enw'r Red Lion. Mae'r un yn Llangadog yn hen dafarn sy'n dyddio 'nôl i ddyddiau Oliver Cromwell ac roedd yn cael ei defnyddio fel tafarn i goetsys mawr y cyfnod. Mae'r bwa carreg wrth ochr y dafarn yn dangos lle byddai'r goets yn dod mewn.

Un o ryfeddodau Cymru

Na, dydyn ni ddim yn sôn am Edward H. Dafis eto, ond Garn Goch. Mae'n sicr yn lle arbennig ac mae'r gaer a'r olion i'w gweld hyd heddi' ac yn dyddio 'nôl rhyw 2,000 o flynyddoedd cyn Crist. Boi lleol o'r enw Guto ap Gwynfor sy'n gwbod yr hanes.

'Mae'n debyg i'r gaer gael ei chodi gan lwyth Celtaidd a fu'n byw yn yr ardal, sef y Demetae. Nhw roiodd yr enw Dyfed i ni. Ma rhai archeolegwyr yn credu mai dyma brif ddinas y Demetae, os licwch chi, gan fod y gaer mor fawr. Fe gafodd yr enw Garn Goch oherwydd y rhedyn sy ar hyd y llethrau. Mae'n cochi yn yr hydref ac mae'n cynnig golygfa drawiadol iawn.'

Wrth droed Garn Goch mae Llys Brychan sy wedi ei enwi ar ôl Brychan Brycheiniog. Roedd e'n dipyn o arweinydd pwerus ac enwog pan oedd e'n frenin ar Frycheiniog yn y 5ed ganrif. Mae lle i gredu bod Cantre Bychan, lle mae Llangadog, yn rhan o Frycheiniog yn y cyfnod hwnnw.

'Mae'r cysylltiadau gyda Brycheiniog yn frith yn yr ardal,' meddai Guto ap Gwynfor. 'Roedd ganddo 24 o blant i ddechrau, ond mwy nag un gwraig gyda llaw, ac mae nifer fawr ohonyn nhw wedi gadael eu marc ar bob math o lefydd gwahanol ar hyd de Cymru. Gallwch chi ddweud bod y rhan fwya ohonyn nhw wedi mynd i'r weinidogaeth gan fod nifer wedi bod yn ymwneud â lledu Cristnogaeth trwy Gymru a sawl un ohonyn nhw'n saint.'

Sy'n dod â ni yn deidi iawn at y person sy wedi rhoi ei enw ar bentre Llangadog. Pwy oedd e? yw'r cwestiwn amlwg.

'Mam Cadog oedd Gwladys, oedd yn un o ferched Brychan. Mae dwy o'i chwiorydd hi wedi rhoi eu henwau i ddau le amlwg yng Nghymru, sef Tybïe, Llandybïe, ddim yn bell o'r Red Lion, a Tudful a roddodd ei henw i Ferthyr Tudful wrth gwrs. Tad Cadog oedd Gwynllyw, oedd yn frenin ar Gwynllŵg, rhan o

Went. Mae Cadog o'r ardal yma, er mai nid yn ei enw e mae'r eglwys wedi ei chysegru chwaith. Enw Dewi sy arni.'

Trueni nad oes enw lle yng Nghymru wedi ei enwi ar ôl mam Cadog on'd yfe? Mae'n amlwg bod ei mab hi'n dipyn o foi yn ôl un stori amdano ac roedd Guto yn barod i'w hadrodd.

'Roedd Cadog wedi mynd bant am y dydd, gan adael y fynachlog oedd gyda fe ar y safle lle mae'r eglwys heddi'. Yn y cyfnod yma roedd 'na ddyn o'r enw Sawel Benuchel o Lansawel. Roedd e'n bagan nad oedd yn hoffi Cristnogion ac roedd yn ymosod arnyn nhw'n aml. Gan wbod fod Cadog i ffwrdd aeth at y fynachlog a'i llosgi'n ulw i'r llawr. Pan ddaeth Cadog 'nôl a gweld beth oedd wedi digwydd roedd e'n gynddeiriog! Deallodd bod Sawel a'i ffrindiau wedi meddwi'n rhacs a mynd lan i dop Garn Goch i gysgu'r nos. Lan â Cadog a'i bobol ar ei ôl, ac wedi dod o hyd iddo, fe dorron nhw weflau a chlustiau pob ceffyl oedd gan Sawel.'

Aeth e'n syth at y ceffylau am ddau reswm yn ôl pob tebyg. Yn y lle cynta, roedd y ceffyl yn anifail sanctaidd i'r Celtiaid, fel clywon ni yn stori'r Fari Lwyd yn y Tŷ Cornel, a byddai niweidio ceffylau Sawel wedi bod yn gosb ddifrifol iddo fe. Ond hefyd, wrth gwrs, roedd gwneud y fath beth yn gwneud y creaduriaid yn gwbl ddi-werth iddo a byddai ganddo daith hir iawn 'nôl gartre o ben Garn Goch heb geffyl. Falle fod Cadog yn sant, ond byddech chi ddim ishe'i groesi mae'n amlwg!

Dros y Mynydd Du – a 'nôl!

Fe wnaeth dyn arall, oedd yn arweinydd Cristnogol, enw iddo'i hun yn Llangadog hefyd ond falle nid yn y ffordd y byddai wedi lico. Watcyn Wyn oedd ei enw a chafodd ei eni'r ochr arall i'r mynydd, ym Mrynaman. Glöwr oedd e ar y dechrau ond fe benderfynodd roi'r gorau i weithio dan ddaear a throi'n bregethwr. Roedd yn cael ei ddisgrifio fel pregethwr, bardd ac athro. Mae'n siŵr mai hon yw un o'i emynau mwya adnabyddus.

'Rwy'n gweld o bell y dydd yn dod
Bydd pob cyfandir is y rhod
  Yn eiddo Iesu mawr;
A holl ynysoedd maith y môr
Yn cyd-ddyrchafu mawl yr Iôr
  Dros wyneb daear lawr.

Mae teg oleuni blaen y wawr
O wlad i wlad yn dweud yn awr
  Fod bore ddydd gerllaw;
Mae pen y bryniau'n llawenhau
wrth weld yr haul yn agosáu
  A'r nos yn cilio draw.

Yn ôl Jim Griffiths, Ysgrifennydd Gwladol cynta Cymru, y clywson ni ei stori yn nhafarn y Pic, Watcyn Wyn oedd 'y dyn mwya a fagwyd yn Nyffryn Aman erioed'. Tipyn o ddweud.

Ond falle na fyddai pobol Llangadog yn dweud rhyw 'Amen' brwd iawn i hynny. Addysg ddaeth â fe i Langadog, lle roedd e'n awyddus i agor ysgol i hyfforddi dynion ifanc i fod yn weinidogion. Fe wnaeth e hynny a sefydlwyd ysgol lewyrchus iawn. Ond, wedi tamed bach o ddiflastod, 'nôl â fe dros y mynydd i sefydlu yr un math o goleg yn Rhydaman ac aeth â rhai o'r myfyrwyr gydag e o Langadog. Wel, os do fe! Cythruddwyd pobol Llangadog yn gacwn a threfnwyd protest i ddangos eu gwrthwynebiad. Wnaethon nhw ddelw o Watcyn Wyn, tebyg i'r hyn mae plant yn ei wneud ar noson Guto Ffowc, a'i losgi o flaen y Red Lion. 'Mlaen â'r dorf wedyn i gerdded drwy'r pentre gan gario'r ffigwr mewn fflamau ar hyd y strydoedd. 'Na beth yw teimladau cryf. Roedd yn rhaid bod yn ofalus iawn wrth ddweud yr enw Watcyn Wyn yn y pentre am flynyddoedd mawr i ddod.

Dillad menywod a'r *Times*

Mae stori Merched Beca'n ddigon cyfarwydd i ni mae'n siŵr. Chi'n gwbod, y dynion 'na oedd yn gwisgo lan mewn dillad menywod ac yn ymosod ar dollbyrth dros gan mlynedd a hanner yn ôl. Yn Sir Benfro a Sir Gaerfyrddin ro'n nhw'n gweithredu ac fe fuon nhw'n weithgar iawn. Beth oedd yn becso nhw fwya oedd y ffaith bod y rhai oedd yn berchen ar hewlydd yn gofyn am lot o arian er mwyn caniatáu i bobol deithio arnyn nhw. Prif darged Beca a'i merched wedyn oedd tollbyrth lle ro'n nhw'n casglu'r arian 'ma. Hewlydd tyrpeg oedd rhain yn cael eu galw ac Ymddiriedolaethau Tyrpeg oedd yn berchen ar rannau penodol o hewl. Roedd teithio o le i le yn gallu bod yn ddrud iawn wrth orfod talu wrth bob tollborth. Roedd y ffermwyr hyn yn ddigon tlawd yn barod am eu bod yn gorfod talu rhent uchel hefyd. Galwyd arweinwyr y protestwyr ym mhob ardal yn 'Rebeca' a'u dilynwyr yn 'ferched Beca'. Pam Rebeca? Mae mwy nag un esboniad – eto! – ond y gred yw bod e rhywbeth i'w wneud ag adnod yn y Beibl sy'n sôn am Rebeca a'i had yn etifeddu porth eu gelynion. Roedden nhw'n gwbod eu Beibl yn sicr!

Ardal amaethyddol iawn oedd ardal Llangadog yr adeg hynny. Ond roedd hi'n hwyr iawn arnyn nhw'n dod yn rhan o brotestiadau Merched Beca. Guto ap Gwynfor sy'n gwbod mwy am y stori hon hefyd.

'Dechreuodd y protestio yn yr ardal 'ma yn haf 1843 er iddyn nhw ddechrau yn Sir Benfro yn 1839. Ond y funud wnaethon nhw ddechrau, aed ati o ddifri fan hyn hefyd. Cafodd un tollborth ei chwalu bum gwaith o fewn chwe mis, er enghraifft. Yna, lawr yn y pentre ei hun, dau ddrws lan o'r Red Lion, fe wnaeth y dynion 'ma, wedi gwisgo mewn dillad menywod a'u hwynebau wedi eu duo, gau llond tŷ o foneddigion yn Church House drwy glymu cadwyni am y drws a'r gât.'

Achos y protestio a fu mewn sawl man gwahanol dros gyfnod hir, anfonwyd milwyr i blismona'r ddwy sir ac i drio rhoi stop ar weithgareddau Merched Beca. Y *4th Light Dragoons* oedden nhw ac yn y flwyddyn y dechreuodd y protestio yn Llangadog, newidiwyd y drefn o roi lletty iddyn nhw.

'Yn y flwyddyn honno, penderfynwyd bileto'r milwyr a bu nifer ohonyn nhw yn aros ym mhentre Llangadog. Ond er hynny, doedd e ddim yn ddigon i orfodi'r bobol leol i roi'r gorau i'w protestio ac fe chwalwyd sawl gât ar ôl i'r milwyr ddod i'r pentre. A mwy na hynny, ddaethon nhw ddim i wbod pwy oedd y Rebeca leol na chwaith pwy oedd yn ei dilyn hi.'

Daeth yr ymgyrch at sylw gwasg Llundain a chyn hir, daeth neb llai nag un o ddynion y *Times* lawr i dde orllewin Cymru er mwyn gweld beth oedd yn digwydd.

'Thomas Campbell Foster oedd hwnnw. Pan oedd e yn yr ardal hon, aeth i gyfarfod pwysig yng Nghwm Ifor, lawr yr hewl. Rhoddodd adroddiad teg iawn o'r hyn ddigwyddodd yn y cyfarfod hwnnw, fel ag y gwnaeth ym mhob cyfarfod yr aeth iddyn nhw. O ganlyniad, roedd Merched Beca yn fodlon iddo fynd i'r cyfarfodydd pwysig 'ma. Yn ei adroddiad o gyfarfod Cwm Ifor fe roddodd restr o'r prif bethe roedd Beca a'i chriw ishe.'

Yn y diwedd, enillod Merched Beca eu brwydr, trechu'r llywodraeth ac o ganlyniad roedd llai o ddollau ar hewlydd Cymru. Roedd mantais wedi'r cyfan i wisgo lan fel menywod! Ac fel sy'n wir am bob argyfwng, mae rhywun wastad yn elwa – ac roedd dyddiau Merched Beca yn amser grêt i fod yn berchen busnes gwneud gatie!

Cwotas ac uno Sir Gâr

Os lwyddodd Merched Beca i ddenu sylw'r *Times*, rhyw gan mlynedd a hanner yn ddiweddarach fe dynnwyd sylw rhaglenni newyddion teledu a'r papurau newydd i gyd gan weithredu ffermwyr Llangadog. Roedden nhw'n rhan o brotest gan ffermwyr ym mhob man yn erbyn yr hyn oedd yn cael ei alw'n Gwotas Llaeth. Fe gafon nhw eu cyflwyno ar 2 Ebrill 1984. Diwrnod ynghynt ac mae'n siŵr y byddai'r ffermwyr yn meddwl mai jôc oedd y cwbl. Ond roedd yn bell o fod yn fater ysgafn. O dan drefn y cwotas, roedd yna gyfyngu ar faint o laeth roedd ffermwyr yn cael cynhyrchu. Cyn hynny, roedden nhw'n cael cynhyrchu faint bynnag a fynnen nhw. Roedd gwrthwynebiad ffyrnig i'r fath reol a threfnodd y ffermwyr eu protestiadau. Un roddodd sylw i'r stori hon, a fynte'n ohebydd parchus i BBC Cymru, oedd Alun Lenny.

'Roedd y brotest fawr gynta yng nghanol tre Caerfyrddin ac roedd cannoedd o ffermwyr wedi ymgasglu yn y dre. Roedd lot wedi mynd yno yn eu tractorau ac roedd rhesi hir o dractorau ar y ffyrdd mewn i'r dre. Aeth ambell *drailer* ar ei ochr a rhwystro'r traffig, roedd pob cerbyd yn mynd yn araf iawn ta beth ac roedd hi'n annibendod llwyr. Yng nghanol dre wedyn, roedd cannoedd wedi ymgasglu a'r tractors yn dreifo heibio i bawb. Doedd fawr neb heblaw'r ffermwyr yn gwbod beth oedd y system cwotas y diwrnod hwnnw.'

Roedd e'n fater syml iawn i'r ffermwyr. Cynhyrchu llaeth oedden nhw a'r mwya roedden nhw'n ei gynhyrchu, gorau i gyd yn eu tyb nhw. Roedd cwotas yn annheg ac yn cyfyngu ar eu bywoliaeth.

'Roedd y rhan fwya, yn enwedig mewn ardal fel Llangadog, yn dibynnu ar laeth i gadw'r fferm deuluol i fynd ac roedd economi'r ardal yn dibynnu ar laeth o ganlyniad. Ma 'na ddywediad sy'n dweud bod Sir Gâr yn byw ar deth y fuwch. Ardal fel'na oedd hi'r adeg hynny.'

Am flynyddoedd lawer roedd hufenfa yn Llangadog, yn enw'r Co-op ac yna'r Bwrdd Marchnata Llaeth. Roedd hyd yn oed trac rheilffordd o orsaf Llangadog yn syth i mewn i'r hufenfa er mwyn gallu cludo'r llaeth yn glou i ble bynnag roedd ei angen. Felly, roedd llaeth yn ffordd o fyw i'r pentre. Dyma lle gwelwyd un o'r protestiadau mwya anarferol hefyd.

'Ar gefn un *trailer*, y tu 'nôl i dractor, roedd 'na fath, a merch ifanc wedi ei gwneud i edrych yn debyg i Cleopatra yn y bath yn golchi ei hun gyda llaeth. Roedd dillad arni, ond dim lot! Y bwriad oedd pwysleisio rhinwedd llaeth am wn i ond yn sicr fe dynnodd sylw. Falle bod y weithred honno'n fwy nodweddiadol o bobol Dyffryn Tywi. Pobol dawel, heddychlon fel arfer y'n nhw. Ond ma 'na ochr arall. Os y'n nhw'n teimlo eu bod wedi cael cam, yna lwc owt yw hi wedyn. Ac fe welwyd yr ochr yna yn ystod cyfnod protestiadau'r cwotas.'

A'r dyn ddaeth o dan y lach yn fwy na neb oedd Gweinidog Amaeth y cyfnod, Michael Joplin. Daeth i Langadog a chael croeso twymgalon iawn, iawn, y math o groeso gewch chi pan ydych chi'n aflonyddu ar nyth cacwn! Ar yr adroddiad teledu, mae un ffermwr i'w weld yn ei herio i'w wyneb yn llawn teimlad:

'You should be ashamed of yourself! You're a farmer yourself and you've sold us down the river.'

Mae Michael Joplin yn sefyll yng nghanol rhyw ddwsin o blismyn pan mae'r ffermwr yma'n siarad ag e ac mae'r ffermwr hwnnw'n sefyll yng nghanol cannoedd o'i gyd-ffermwyr a'u teuluoedd. Roedd pawb yn bloeddio'n groch ar y Gweinidog. Ac aeth pethau o ddrwg i waeth.

'Aeth sawl ffarmwr a'u tractors drwy'r pentre yn tynnu *spreader* y tu 'nôl iddyn nhw oedd yn chwistrellu llaeth ar hyd yr hewl a phawb oedd yn agos. Roedd ceir yn cael eu siglo, eu troi i flocio'r hewlydd. Y nod oedd stopio Joplin rhag gadael y pentre ac fe lwyddon nhw i'w gadw yno am dros ddwy awr. Mae'n siŵr iddo gael cryn dipyn o ofn wrth weld y fath ffyrnigrwydd. Roedd yr heddlu hefyd wedi eu synnu gan styfnigrwydd protest y bobol.'

'Have you secured the confidence of the farmers of Wales?' gofynnodd un gohebydd optimistaidd iddo wrth i'r Gweinidog adael.

'I think it might be a little premature to say that!' oedd yr ateb cynnil, a'r geiriau 'old chap' i'w clywed yn glir yn y distawrwydd wedi iddo orffen ei frawddeg.

Cafodd y protestio hwn yn ardal Llangadog gryn effaith ar yr ardal. Diflannodd nifer o ffermydd teuluol. Roedd lot o brynu a gwerthu tir wrth i un fferm brynu tir fferm gyfagos er mwyn cael mwy o dir i gynhyrchu llaeth a chodi ei chwota. Ac, wrth gwrs, gwerthwyd sawl tŷ fferm i bobol o tu fas i'r ardal. Ond cafodd y protestio un effaith eitha annisgwyl hefyd.

'Yr un flwyddyn roedd streic y glowyr wedi dechrau. Cyn hyn i gyd, roedd pobol yr ochr 'ma o'r Mynydd Du, yn Nyffryn Tywi, yn wahanol iawn i bobol yr ochr draw, pobol Brynaman a Dyffryn Aman, oedd yn cael eu galw'n Sionis y De gan bobol Llangadog, oedd wedi bod yn ffermwyr ers canrifoedd. Felly roedd dwy gymuned wahanol gyda chi i bob pwrpas er eu bod yn gymunedau Cymraeg rhan fwya.

'Ond yn ystod y cwotas, aeth pobol Dyffryn Tywi dros y mynydd yn eu tanceri a rhoi llaeth i'r glowyr oedd ar streic. Dyna lle'r oedd gwragedd y glowyr wedyn yn dod i gwrdd â'r tanceri gyda *containers* amrywiol ac yn derbyn galwyni o laeth yn ystod y caledi mawr. Roedd hyn yn fodd i uno'r sir ac fe gafodd effaith am flynyddoedd wedi hynny.'

Den y crydd

Ar un adeg, Llangadog oedd un o'r mannau gorau yng Nghymru i ddod i gael sgidie diolch i grydd arbennig iawn. Roedd pawb yn nabod Den y Crydd oedd wedi gadael Ysgol Llangadog yn 14 oed er mwyn gweithio yng ngweithdy ei dad. Yr un a ddaeth draw i'r Red i ddweud stori Den oedd Win Morgan, sy'n cadw Swyddfa Bost y pentre gyda'i gŵr Richard. Enillon nhw wobr Pencampwyr Digidol Swyddfa Bost y Flwyddyn, gyda llaw, trwy Brydain gyfan! Ond, 'nôl at Den.

'Roedd gweithdy Den yn ogof ryfeddol yn llawn awyrgylch a naws unigryw. Roedd dwy fainc 'da fe, un fawr ac un fach a silffoedd pren tywyll yn ymestyn lan at y nenfwd. Roedd rhain yn llawn sgidie, neu ledr, tunie polish o bob math neu focsys o faint amrywiol oedd yn dal pethe fel hoelion ac ati. Mae'r fainc fach yn Sain Ffagan erbyn hyn. Ar bob fainc wedyn, roedd llwyth o'r tŵls oedd angen arno a phob un yn hen. Yn hongian o'r nenfwd roedd darne amrywiol o haearn gan gynnwys ambell bedol.'

Bu'r camerâu teledu yng ngweithdy Den droeon a diolch byth mae yna gofnod o hen ffordd Gymreig o weithio – hei, byddai hwnna'n deitl da i gân! Ond, erbyn meddwl, falle fod rhywun wedi cyfansoddi cân ddigon tebyg eisoes. Sneb yn becso dam ta beth!

Yn blastar ar hyd un o waliau ei weithdy roedd llwyth o englynion a cherddi wedi eu hargraffu'n daclus ar ddarnau o bapur a'u gludo ar y wal. Roedd cannoedd ohonyn nhw, gyda theitlau amrywiol fel 'Y Ddawns Fodern', 'Can y Gôg', 'Yr Hen Flwyddyn', 'Mis Awst', 'Yr Eisteddfod' i enwi rhai ohonyn nhw. Ac mae cân am Den yn eu plith.

> Dennis sydd ŵr di-weniaith,
> Un di-baid mewn *debate* neu araith.
> Hydlod noddwr tafodiaith
> A gŵr yw a gâr ei iaith.

Gwynfor Evans Talar Wen, A.S.

Dechreuwyd busnes newydd yn Llangadog yn 1939 o'r enw 'Tai Gerddi', sef busnes tyfu tomatos, ac arhosodd y dyn a ddechreuodd y busnes yn yr ardal am 45 o flynyddoedd. Gwynfor Evans oedd y dyn hwnnw ac aeth yn ei flaen o fusnes tyfu tomatos i fod yn Aelod Seneddol cynta Plaid Cymru. Mae yna luniau teledu du a gwyn cynnar iawn ohono yn mynd o amgylch y fferm lle roedd y busnes ar gefn hen dractor – DTH 247 oedd ei rif. Mewn shot arall, mae ar gefn y tractor a phump o'i blant wedi eu gwasgu o'i gwmpas: ar y llyw, ar yr olwynion a thu cefn iddo. Ond doedd y tractor ddim yn symud ar y pryd cofiwch. Adeiladodd dŷ yn yr ardal sef Talar Wen ac roedd yn cael ei adnabod fel Gwynfor Evans Talar Wen wedi hynny. Ar ôl cael ei ethol i'r Cyngor Sir, aeth yn ei flaen wedyn i sefyll dros Blaid Cymru ac ennill buddugoliaeth hanesyddol yng Nghaerfyrddin yn 1966. Mae Guto ei fab yn cofio'r noson yn glir iawn.

'Roedd cannoedd ar sgwâr Caerfyrddin i glywed y canlyniad a roeddwn i fel pawb arall yn neidio lan a lawr ac yn sgrechen yn gyffrous. Wedyn tua tri neu bedwar y bore, aeth lot ohonon ni rownd y pentrefi, yn un rhes o geir ac yn gweiddi "Mae e miwn! Mae e miwn!" Ond yn Llangadog oedd y dathlu mawr go iawn. Roedd y sgwâr fan hyn yn orlawn a phawb yn gorfoleddu ar y noson a thrwy'r dydd wedyn. Ond, yn bersonol, er fy mod yn naturiol yn falch bod y Blaid wedi ennill, roedd 'na deimlad chwithig iawn yr un pryd hefyd o wbod fod fy nhad nawr yn mynd i fod i ffwrdd am gyfnodau hir.'

Fel Aelod Seneddol bu Gwynfor Evans yn ymwneud â lot o frwydrau gwahanol. Ond yr un a ddaw i'r meddwl gynta yw ei ymgyrch dros sefydlu sianel deledu Gymraeg. Yn 1980

rhoddodd sioc aruthrol i bawb wrth gyhoeddi ei fod yn mynd i ymprydio hyd at farwolaeth yn enw sefydlu sianel Gymraeg. Dyma ddwedodd e ar y pryd.

'Dwi'n dweud fy mod yn mynd i ymprydio nes bydd y llywodraeth yn ildio. Mae'n rhaid i ni gael gwasanaeth teledu Cymraeg. Ac ystyr gwasanaeth yw ein bod yn cael bloc o orie, yr orie brig, wrth gwrs, rhwng chwech a hanner awr wedi naw y nos, bob nos.'

'Ces i glywed am ei fwriad e,' meddai Guto, 'pan o'n i'n mynd am dro gydag e lan i'r Garn Goch. Ac fe ddwedodd bryd hynny am ei fwriade ac roedd yn dipyn o sioc. Fe gymerodd e dipyn o amser i 'mherswadio 'i fod e'n gwneud y peth iawn. Ond sylweddoli yn y diwedd mai hynny oedd yr unig ffordd.'

Roedd Gwynfor yn gwbod beth oedd o'i flaen.

'Dwi wedi bod yn meddwl am hyn ers amser nawr a dwi'n gwbod beth all fod yn ganlyniad i'r peth. Ond mae'n rhaid bod yn barod i wynebu hynny.'

Asiant Gwynfor ar y pryd oedd Peter Hughes Griffiths ac fe rannodd ei atgofion o'r ymgyrch yma yn y Red.

'Roedd y peth i ddigwydd yn llyfrgell Talar Wen. Doedd neb i fod i fynd heibio i gât y tŷ heblaw am aelodau'r teulu, Dafydd Williams, ysgrifennydd Plaid Cymru ar y pryd, a fi. Yn ddyddiol wedyn, ro'n i fod i gynnal rhyw gynhadledd i'r wasg yn neuadd Llangadog i ddweud beth oedd ei gyflwr e ac yn y blaen.'

Yn hwyrach yr un flwyddyn, fe gyhoeddodd llywodraeth Maggie Thatcher y bydden nhw'n sefydlu sianel Gymraeg. Roedd Gwynfor Evans yn sicr wedi gadael ei farc, ac yn ôl y deyrnged iddo yn yr *Independent*, wedi iddo farw, Gwynfor oedd y dyn cynta i orfodi Maggie Thatcher i wneud tro pedol yn ei gyrfa wleidyddol. Roedd Guto'n falch o sefydlu'r sianel ac yn fwy balch fod ei dad yn cael byw. Roedd yn gyfnod o newid i Guto mewn ffordd arall hefyd.

'Fe newidiais i fy enw oherwydd yr ymgyrch ymprydio. Guto Evans oeddwn i ar y pryd. Dechreuodd pobol ddweud fy mod yn diarddel fy nhad oherwydd ei benderfyniad. Y cyhuddiad oedd fy mod yn ei ddiarddel am fy mod yn weinidog ac yntau'n cyflawni hunanladdiad trwy ymprydio. Roedd hynny'n anghristnogol a dyna pam roeddwn i'n troi fy nghefn arno. Roedd y stori honno yn drwch yn y flwyddyn honno. Dyna pam y newidiais fy enw i Guto ap Gwynfor, er mwyn dangos fy mod yn ei arddel e.

'Roedd Mam yn dweud o hyd, "Ddigwyddith e ddim ti'n gwbod. Bydd e ddim yn gorfod marw. Does dim un ffordd y bydd Margaret Thatcher yn fodlon gwneud merthyr ohono fe." Dyna safbwynt Mam o'r dechrau. A hi oedd yn iawn.'

Pan fuodd Gwynfor Evans farw yn 2005 gwasgarwyd ei lwch ar y Garn Goch, yn ôl ei ddymuniad. Lai na blwyddyn wedi hynny, codwyd cofeb iddo ar y Garn ar 15 Gorffennaf 2006, ddeugain mlynedd union ers iddo ennill etholiad Caerfyrddin.

Pws
wrth y bar
Y Red Lion

Clywed sŵn ceffyle ddaeth i'r meddwl yn Llangadog, a llygad y meddwl yn gweld y ceffyle mwya crand yn carlamu drwy'r bwa wrth ochr y Red Lion, neu'r goets fawr yn tynnu lan tu fas. Ma sawl byd ochr yn ochr yn Llangadog. Ro'n i'n gwbod am y cysylltiad gyda Gwynfor Evans cyn mynd yno ond do'n i ddim mor gyfarwydd â stori'r man lle mae'r gofgolofn iddo, Garn Goch. Roedd gweld olion yr hen gaer yn dod â llun byw iawn i'r meddwl o gymunede cyfan ar y tir ganrifoedd yn ôl, yn byw eu bywyd bob dydd fel y'n ni'n neud heddi', a nawr ma'n nhw wedi mynd ond bod eu hôl yn ddigon amlwg. O ganlyniad, i fi, ma'n nhw'n dal yno eu hunain. Roedd yr hen gaer a charreg Gwynfor yn ddigon agos at ei gilydd ar y Garn ond ma miloedd o flynyddoedd rhyngddyn nhw mewn gwirionedd. Y ddau yn yr un lle, lle hud a ledrith go iawn.

Wrth ail greu stori Gwynfor Evans ar gyfer y rhaglen, fe

gododd rhyw awydd digon cryf i fod yn y pentre pan ddaeth Gwynfor 'nôl yno ar ôl ennill etholiad Caerfyrddin yn 1966. Wrth wylio'r ffilm deledu du a gwyn bydden i wedi dwlu bod yno yn eu canol. Geson ni fel band noson hwyliog iawn pan ganon ni yn y Red Lion. Tybed shwd bydde pethe wedi bod 'nôl yn '66? Ma'n nhw'n dweud wrtha i bod Edward H wedi cael gigs arbennig yn Llangadog hefyd. Ond galla i ddim dweud bo fi'n cofio rheina! Ma pobol wedi dweud wrtha i droeon mai gigs gorau Edward H oedd y rhai dwi ddim yn cofio. Felly roedd gigs Llangadog yn rhai sbesial!

Ar lefel bersonol, roedd yn eitha teimlad i ishte gyferbyn â Guto Prys ap Gwynfor wrth iddo fe esbonio pam naeth e newid ei enw. Tan hynny, ro'n i, fel pawb arall mae'n siŵr, yn meddwl mai Cymreigio ei enw oedd e wedi neud. Ma'n rhyfedd meddwl i bobol allu bod fel o'n nhw tuag ato fe. Mae'n drist.

Ma'r Red Lion yma'n ishte yng nghanol pentre sy'n llawn cymeriade lleol, man a welodd dalp o hanes pwysig gwleidyddiaeth Cymru dan gysgod gwrthdaro'r cwotas llaeth a man lle ma bywyd yn mynd yn ei flaen yn ddigon tawel heddi', dan lygad gofalus y bobol oedd yn byw yn yr hen gaer ar y Garn Goch.

12

Y Sloop, Porth-gain

MAE'R DAFARN HON mewn man hyfryd dros ben er bod 'na olwg digon anarferol ar y tir o'i chwmpas. Mae olion hen adeiladau carreg o weithfeydd yr ardal ar ôl ym mhob man ac maen nhw'n sownd yn y bryniau reit ar bwys yr hen harbwr. Mae'n gyfuniad dramatig iawn. Mae'r tafarnau rydyn ni wedi ymweld â nhw'n barod naill ai ar lan y môr, mewn ardal ddiwydiannol neu yng nghefn gwlad. Gallai pob un o'r pethe hyn ddisgrifo lleoliad y dafarn hon, a dim ond lle bach yw e! Mae Porth-gain ar arfordir gogleddol Sir Benfro ac mae e'n rhan o Barc Arfordirol y sir. Adeilad un llawr o'r ddeunawfed ganrif yw tafarn y Sloop ac er bod gwaith mawr wedi ei wneud yna dros y blynyddoedd, yn enwedig yn yr 1990au, mae'r bar ei hun yn dal i fod yn yr adeilad gwreiddiol. Sdim ishe gofyn ble ni'n dechrau, oes e? Ie, 'na chi, 'da'r enw.

Un neu ddau?

Morgan y tafarnwr sy â'r stori am y Sloop ac, mewn gwirionedd, mae'n esboniad digon syml.

'*Sloop* yw cwch un mast.'

'Na fe, syml. Hynny yw, nes eich bod chi'n mynd tu fas i'r dafarn a sylwi bod llun o *sloop* arni, gyda dau fast! Felly, beth yw hi? *Sloop* neu beidio? A pha un sy ddim yn *sloop* go iawn 'te – y dafarn neu'r llong?

'*Sloop* yw llong ag un mast yn bendant,' meddai Morgan. 'Ond wedd un o fois y pentre, Alun o gro's y ffordd, wedi cael y gwaith o baentio arwydd i'r dafarn. Fe sy wedi rhoi dou fast ar *sloop* sy dim ond fod i gael un. Mae'n siŵr ei fod e'n cael ei dalu yn ôl faint o baent wedd e'n ddefnyddio, *so* rhoiodd e un mast bach arall mewn.'

Ac ymateb 'Alun o gro's y ffordd' i hyn i gyd?

'O, ma Morgan yn siarad dwli!'

Wel, 'na ni 'te. Sloop yw enw'r dafarn. Mae tamed bach o anghytuno wedi bod ynglŷn ag enw'r pentre hefyd. Gan Roy Lewis mae'r stori honno.

'Wen i ar y we un dydd ac fe ddes i ar draws cyfeiriad at y lle 'ma yn Saesneg a'r pentre yn cael ei alw'n Chiselport! Wel, os do fe! Mae'n enw hyll beth bynnag ond dyw e ddim yn gyfieithiad iawn chwaith. Yn wreiddiol, Porth-cain wedd y lle 'ma a ma fe wedi newid i Borth-gain. Nid "cain", y gair Cymraeg am *chisel*, sy yn yr enw. "Cain" yw enw'r afon sy'n rhedeg mewn i'r harbwr a "phorth hyfryd" yw'r ystyr. Falle bod gwaith brics wedi bod 'ma a gwaith llechi ond sda'r enw ddim byd i neud â "chain" fel'na.'

Sgrifennodd Roy at y papurau i gyd i ddweud am y nonsens Chiselport a gwneud yn siŵr bod pawb yn gwbod nad y bobol leol oedd yn gyfrifol am y fath enw. Mae lot o'r bobol leol am weld yr hen enw yn dod 'nôl a dweud y gwir. Mae Porth-cain yn swno'n ddigon neis, mae'n rhaid dweud.

Calch, llechi a brics

Rydyn ni wedi clywed am hen ddiwydiant Porth-gain yn barod ac mae'n bryd gwbod mwy. 'Nôl ar y dechrau, rhyw bentre pysgota bach, tawel oedd Porth-gain a neb yn gwbod amdano.

Y Sloop, Porth-gain

Ond hefyd, pan ddechreuodd pethe newid doedd rhannu ardaloedd i 'gefn gwlad' ac 'ardal ddiwydiannol' ac ati ddim yn rhywbeth oedd yn cael ei wneud fel y mae e heddi'. Doedd neb yn cyfeirio at ardaloedd fel petaen nhw'n gwbl ar wahân. Gredech chi byth pwy oedd yn eistedd yn ddigon parchus ar seld yn y Sloop i ddweud stori diwydiant y lle. O, chi yn gwbod, yr hanesydd John Davies.

'Calch dda'th 'ma gynta ac fe adeiladwyd odyn galch yn y pentre. Yn ôl y sôn, aeth calch o'r fan hyn lawr i adeiladu eglwys gadeiriol Tyddewi. Wedyn fe wnaethon nhw ffindo bod llechi yn yr ardal ac yn 1870 roedd tua 300 o chwarelwyr yn gweithio 'ma. Ond dim ond am ryw 30 mlynedd barodd hwnna a dweud y gwir gan nad oedd y llechi o safon uchel iawn. Ond roedden nhw'n bobol ddigon dyfeisgar mae'n amlwg achos fe wnaethon nhw droi at ddiwydiant arall wedyn. Achos nad oedd y llechi'n ddigon da fe wnaethon nhw eu malu'n fân, fân a'u troi'n frics.'

'Wen nhw'n frics trwm iawn,' meddai Roy, 'ag enw Porth-gain arnyn nhw. 'Na gyd wen nhw oedd cymysgedd o rwbish y slât a dŵr. Wedd y rwbish yn cael ei falu'n fân yn y felin, cael ei gymysgu 'da'r dŵr a miwn wedyn i'r gwaith brics i wneud y siâp. Wedyn, mewn i'r ffwrn i dwymo nhw lan. Wedd galw mowr am y brics 'ma a wen nhw'n cael eu hallforio i bob man. Welwch chi fwy o frics Porth-gain yn Bristol na welwch chi ym Mhorth-gain ei hunan.'

Ac nid dim ond i Fryste chwaith. Brics Porth-gain aeth i adeiladu oriel enwog y Tate yn Llundain hefyd. Ond ni fu hir oes i'r busnes brics chwaith.

'Ro'dd rheilffordd ym Mhorth-gain ond do'dd hi ddim wedi ei chysylltu â'r rhwydwaith ehangach. Petai hynny wedi digwydd, a chysylltiad rhwng fan hyn a Hwlffordd neu Aberaeron, er enghraifft, ma'n siŵr y gallai'r diwydiant fod wedi parhau ac ymestyn. Ond y funud daeth y cyfnod llonge i ben, doedd dim lot o ddefnydd diwydiannol i'r lle wedyn. Y cyfnod prysura 'ma oedd rhwng 1850 a 1920.'

Wrth weld y pentre heddi' mae'n anodd credu bod y fath brysurdeb wedi bodoli, p'un a oedd hynny'n gyfnod byr neu beidio. Dim ond yr olion sy'n cynnig unrhyw fath o gliw i ni ond dyw'r rheini ddim yn gallu cyfleu holl liw a chyffro'r cyfnod hyd yn oed.

Jeriwsalem, Frisco a'r dôl

Cadwodd y chwarel i fynd am beth amser wedi'r 1920au. Dwy chwarel oedd yma ac roedd gan y bobol leol enw i'r ddwy, fel mae Roy yn cofio.

'Jeriwsalem wedd un a'r llwybr yn arwain ati wedd y Ffordd i Jeriwsalem. A'r llall wedyn, wel, Caersalem wedd honna! Y bois lleol wedd yn eu henwi nhw er mwyn bo nhw'n gallu gweud y gwahaniaeth rhwng un a'r llall.'

Ond yn 1931 cafodd Caersalem a Jeriwsalem newyddion drwg iawn. Daeth llythyr gan United Stone Firms Ltd, y cwmni oedd yn berchen y chwareli, yn enw Mr Crone, y bòs, yn dweud bod y gwaith yn cau.

'Wedd hynny'n ergyd ofnadw'. Ond ma geiriad y llythyr yn ei wneud yn wa'th byth. Wedi dweud wrth y rheolwr i gael gwared ar bawb, mae'n ychwanegu, "This information you may, if you wish, pass on to the men." Meddyliwch, "you may if you wish"! Dim rhybudd iddyn nhw a dim sôn bod yn rhaid gwneud yn siŵr bo nhw hyd yn oed yn cael gwbod. *Thank you, goodbye* wedd hi a 'na fe.'

Symudodd swyddfa'r dôl i Borth-gain wedyn er mwyn i'r gweithwyr allu casglu eu harian un diwrnod yr wythnos. Roedd hi siŵr o fod yn dorcalonnus gweld shwd gymaint o weithwyr yn cerdded mewn i'r pentre i gasglu eu harian diweithdra.

'Wen nhw'n dod o bob cyfeiriad lawr miwn i'r pentre a wen nhw'n gorfod gwisgo'n smart y diwrnod hwnnw hefyd. Hynny yw, wen nhw'u hunain yn mynnu edrych yn barchus ar ddiwrnod dôl. Bydde'r capan ar y pen a tei am y gwddwg hefyd. A'th lot bant i witho wedyn, a'th rhai i'r môr a rhai yn

Y Sloop, Porth-gain

aros i helpu mas ar y ffermydd. Ond mae'r bois i gyd wedi mynd nawr, pob un ohonyn nhw.'

Diwedd cyfnod yn wir. Ond, trwy lwc, mae llais un o fois chwareli Porth-gain gyda ni o hyd. Recordiwyd George Walters yn sôn am un arfer penodol ymhlith gweithwyr y chwarel, traddodiad oedd yn gyffredin i weithwyr y glofeydd hefyd.

'Wedd 'da pob un ffugenw ym Mhorth-gain, chi'n gweld, pob un â llysenwe. We chi'n cael e'n rhwydd iawn, iawn, chi'n gwbod, dan ddaear. Bachan yn mynd dan ddaear am y tro cynta a mynd at y colier wedd yn tendo fe. "O!" wedd hwn yn dweud wrth y colier, "Wel dyma le uffernol i weithio 'chan!" A Dai Ffernol buo hwnnw byth ar ôl 'ny. Ie, Dai Ffernol. "Le ma'ch tad nawr Lilian?" "O, yn Ffrisco." A Ffrisco buo e byth ar ôl 'ny.

'A finne wedyn, sai'n gwbod shwt ges i fy un i – wel, wy yn gwbod hefyd. Cardiff. A 'na shwt ges i'r enw hwnnw chi'n gweld, wen i'n siarad lot ambyti pan o'n i'n drifo lorri a lorri yn torri lawr 'da fi'n Gaerdydd. A Cardiff wen i wedyn. We bob un â'i lysenw. Bob un.'

Roedd gwaith i bobol fel Cardiff yn dipyn mwy na jyst lle i fynd i ennill arian. Roedd y bois gyda'i gilydd yn gymuned glòs o fewn cymuned glòs â'u ffordd eu hunain o wneud pethe. Mae ishe'u cofio nhw, mae hynny'n bendant.

Alfred Centennial Johnson

Dyma chi stori forwrol 'te! Fe fyddai hi'n gwneud ffilm ddigon cyffrous mae'n siŵr. Mae'r prif gymeriad yn Americanwr â'r enw crand Alfred Centennial Johnson. Gosodiad o enw! Penderfynodd, yn ystod haf 1876, fynd am drip bach yn ei gwch rhwyfo. Ond nid o amgylch Llyn y Rhath, na Bae Ceredigion chwaith, ond yn hytrach, yr holl ffordd ar draws yr Iwerydd. Gadawodd ei gartre yn Massachusetts yn yr Unol Daleithiau gyda'r bwriad o groesi'r môr a chyrraedd Lerpwl. Roedd y cwch wnaeth e ddewis yn union fel y rhai y gallwch chi eu gweld yn y môr ger Porth-gain heddi', y rhai bach yna mae pobol yn eu defnyddio i fynd mas am dro i'r bae ar ddiwrnod braf.

Bant â fe ac aeth popeth yn iawn am ddyddiau di-ri. Dim problem a'r gwynt ar ei gefn. Yna, fe wnaeth gamgymeriad un dydd a throi i'r dde yn lle i'r chwith. Ddau fis ar ôl gadael America, fe laniodd nid yn Lerpwl ond ar arfordir gogledd Sir Benfro, rownd y gornel i Borth-gain. Wedi cyrraedd tir sych, roedd bron â marw a chafodd ei gario i dafarn gyfagos ar ysgwyddau rhai o'r bobol leol oedd wedi ei weld yn cyrraedd – yn ôl y sôn, i'r Sloop aed ag e. Buodd yno am ddau ddiwrnod cyn ymgryfhau unwaith eto ac mae'n siŵr iddo ddiddanu pawb wrth y bar am oriau gyda hanes ei daith anturus. Alfred Centennial Johnson oedd y dyn cynta, felly, i hwylio o'r Unol Daleithiau i Gymru a hynny mewn cwch pysgota!

Carolina, Gogs a phicwn

Rai blynyddoedd cyn i Mr Centennial gyrraedd, fe wnaeth pobol Porth-gain groesawu llong arall, llong go iawn y tro hwn. Mae Rob, un o bysgotwyr y pentre, yn gwbod yr hanes.

'Y *Carolina* wedd ei henw hi, *ketch* ddaeth draw o Iwerddon. Cafodd ei dal mewn *hurricane* ofnadw' a chael ei thowlu gan y gwynt a'r tonne. 'Na'r cyfan wedd y *skipper* yn gallu neud wedd ei chadw ar lwybr mor syth â phosib, heb drio ei llywio hi un

Y Sloop, Porth-gain

ffordd neu'r llall. Trwy lwc, fe lwyddodd i'w chadw ar gwrs iawn ac fe ddaeth y llong yn syth mewn i harbwr Porth-gain, trwy'r agoriad yn y creigie a lan ar hyd y tra'th! Anhygoel a gweud y gwir.'

Mae plac wedi ei gerfio o bren yn y Sloop heddi' i gofféu'r *Carolina*. Mae dau geriwb yn dal arfbais y llong ac, yn sicr, roedd yr angylion yn gofalu amdani'r diwrnod y daeth y *Carolina* i Borth-gain.

Daeth teulu Rob i Borth-gain o ogledd Cymru. Fe gerddon nhw'r holl ffordd o Fethesda lawr i Sir Benfro, rhyw gant a hanner o filltiroedd. Pwy a ŵyr, falle eu bod nhw wedi bod yn yfed yn y Douglas Arms cyn symud!

'Lawr i chwilio am waith oedden nhw, gan fod y gwaith llechi yn diodde'n ofnadw ym Methesda ar y pryd. Fe geson nhw waith yn chwareli Porth-gain ond, yn glou iawn, sylweddoli nad oedd e'n mynd i bara sbel iddyn nhw gan fod y llechi eu hunain ddim cystal. Wen nhw ar y pryd yn cadw cwpwl o botie yn yr harbwr i ddal crancod a *lobsters* ac ati, felly, wedd y diddordeb mewn pysgota a phethe'r môr wedi dechre fel'na. 'Na lle ges i'r diddordeb. Fy nhad-cu wedd y *trainee* peilot diwetha ym Mhorth-gain a wedd e'n gweithio o Pilot House, y caban carreg gwyngalch bychan yn y graig ar bwys yr harbwr.'

Mae Roy Lewis yn gwbod mwy am y peilotiaid.

'Eu gwaith nhw o'dd cadw llygad mas am y llonge ar y môr wedd ar eu ffordd miwn i Borth-gain. Mas â nhw wedyn at y llonge er mwyn eu harwain nhw mewn i'r doc. Hynny yw, 'na beth wen nhw'n neud os mai dyna'r tro cynta i'r llong yna ymweld â Phorthgain. Wedi hynny, wedd dishgwl iddyn nhw ddod miwn ar eu penne eu hunain. Yn y doc ei hun y bydde gwaith mwya'r peilot wedyn. Wedd cymaint o longe 'ma a wedd gofyn gwneud yn siŵr bod lle i bob un a phob un yn ei le iawn ac yn wynebu'r ffordd iawn. Os wedd angen llwytho miwn i fola'r llong, wedd yn rhaid bod y bola yn wynebu ochr yr harbwr. Os na, bydde gofyn llwytho'r ochr bella' a wedd hynny'n lot mwy o waith wrth gwrs.

'Un peth fydde'n help mawr i bawb wedd am ddod miwn i harbwr Porth-gain wedd y pileri sy ar y tir uchel bob ochr i agoriad yr harbwr. Ar un ochr ma piler hir hirgrwn ar un pen a philer sgwâr ar y pen arall. Bydde pobol mas ar y môr wedyn yn gwbod bod y ffordd miwn i'r doc rhwng y ddau biler. Bydde'r pileri'n arwain y cychod miwn a'r bois yn gallu morio nhw lan yn y doc wedyn. Mae'r un hirgrwn wedi ei wyngalchu ac, yn lleol, y picwn gwyn ni'n galw hwnnw.'

'Na neis gwbod bod y picwn yn cadw pawb yn saff!

Gweini'r gelyn

Yn ystod yr Ail Ryfel Byd, roedd digon o fynd a dod mas ar y môr rhwng Cymru ac Iwerddon fel clywon ni lawr yn y Ship, Abergwaun. Roedd tamed bach o gyffro ym Mhorth-gain hefyd a'r dyn sy'n gwbod y stori honno yw Morgan y tafarnwr, sy'n ddigon addas a dweud y gwir gan ei bod yn stori am un o'i ragflaenwyr y tu ôl i'r bar.

'Wedd llong 'da'r Jyrmans mas yn y bae a daeth dau o'r morwyr *off* y llong a draw tuag at Porth-gain. Rhwyfo nethon nhw, a miwn â nhw i'r harbwr fan hyn. Fe gerddon nhw lan y llwybr wedyn a miwn â nhw i'r Sloop lle gelon nhw beint neu ddau yn ddigon hamddenol. A wedd neb wedi sylwi mai Jyrmans wen nhw!'

Mae'n rhyfedd meddwl bod dau o'r gelyn wedi pwyso ar y bar a chael peint bach hamddenol yng nghanol pawb! Mae gan Morgan esboniad pam, falle, y bu hynny'n bosib.

'Falle bod y bar yn llawn Saeson ar y pryd a phawb yn meddwl mai siarad Cymraeg wedd y ddau!'

Porth-gain – ar werth!

Roedd pobol Porth-gain wedi gorfod wynebu brwydr aruthrol yn yr 1980au a hynny yn erbyn cwmni o'r enw Staines. Nhw oedd bia'r rhan fwya o'r adeiladau yn y pentre, yr hen weithfeydd a lot o dai'r gweithwyr hefyd. Roedd ganddyn nhw gynlluniau ar gyfer eu heiddo. Mae Alun, y boi baentiodd

Y Sloop, Porth-gain

un mast yn ormod ar arwydd y dafarn, yn cofio clywed am fwriadau cwmni Staines. Alun Whoosh maen nhw'n ei alw fe ym Mhorth-gain ond sneb yn dweud pam!

'Ffoniodd ffrind i fi o Lunden i ddweud ei fod wedi darllen stori bwyti pentre bach yn "West Wales" mewn rhyw gylchgrawn tebyg i'r *Yachting News* neu rywbeth. Wedd y stori'n dweud bod y pentre ar werth! 'Na beth wedd sioc aruthrol. Wedd neb ohono ni wedi clywed gair am hyn.'

Gallwch ddychmygu'r sioc aeth drwy'r pentre wedyn a phawb yn naturiol ddigon yn becso am eu cartrefi a hefyd am yr effaith ar Borth-gain fel cymuned a chanddi dreftadaeth bendant iawn. Lawr â'r camerâu teledu wedyn i ffilmio'r protestiadau ac i glywed teimladau'r bobol.

'Pwy fyse ishe'r adeilade 'ma?' gofynnodd un fenyw dan deimlad. 'Pwy fyse ishe newid golwg y lle? Dim ond rhyw ddyn busnes na fydde'n ffito miwn 'ma o gwbl! Da'th y newyddion mas o ddim. Wedd pawb wrth eu bywyd pob dydd pan glywon ni.'

'Bydde fe'n drasiedi fawr,' meddai dyn arall dan yr un teimlad, "se fe'n cwmpo i ddwylo rhyw fachan sy ishe cymryd popeth mas o 'ma a gwneud *quick buck*!'

Alun Whoosh oedd y dyn oedd yn becso am y *quick buck* ac aeth e ati gydag eraill ar y pryd i ffurfio'r Porth-gain Association.

Y bwriad oedd trio cael digon o arian at ei gilydd i weld a allai'r pentrefwyr brynu'r adeiladau eu hunain.

'Fe geson ni gyfrifydd ac aethon ni ati i holi pawb a fydden nhw'n gallu cyfrannu. Doedd dim modd prynu adeiladau unigol, roedd y cyfan ar werth gyda'i gilydd. Doedd dim pris fel y cyfryw ar yr adeiladau chwaith ond system o *sealed bids* wedd e. Wedd gofyn i bawb roi y bid oedd ganddyn nhw mewn amlen frown. Fe gasglon ni gryn dipyn o arian a rhoi ein cynnig ni mewn amlen. Bant â fe wedyn a gobeithio'r gore.'

Roedd yn amser pryderus iawn i'r pentrefwyr ac roedd dyfodol cartrefi sawl un, yn ogystal â dyfodol y pentre ei hun, yn y fantol am amser hir. Ond, daeth y newyddion yn y pen draw – roedd pobol Porth-gain wedi llwyddo i brynu eu pentre!

'Diwrnod o ddathlu go iawn wedd hwnna! Wedd e'n gyfnod arbennig, diwrnod da iawn i ni ac i'r pentre. Fe brynon ni'r hen waith brics, yr *headlands*, y *crushing plant*, rhes o dai un llawr a dou dŷ. Fe gadwon ni'r cyfan i ni'n hunen. 'Na beth wedd twmlad da!'

Ruth Barker oedd y fenyw gafodd ei holi ar gyfer y newyddion teledu yn yr 1980au ac mae hi'n dal i gofio diwrnod y fuddugoliaeth yn ddigon clir.

'Diwrnod ffantastig a dweud y gwir. Ac yn ôl beth y'n ni'n deall, nid ein cynnig ni yn yr amlen frown 'na wedd yr un mwya uchel. Felly nid y cais ucha gethodd y pentre, ond y pentrefwyr gethodd y pentre a ma hwnna'n golygu lot mwy i ni!'

'Na beth yw stori neis sy'n codi'r galon. Gwbod bod y bobol leol 'nôl ar eu haelwydydd a'r pentre 'nôl yn nwylo'i bobol. Aeth Ruth Barker 'mlaen i fod yn gantores adnabyddus tu hwnt a dechreuodd ei gyrfa, wel, ble arall ond yn y Sloop.

'Dechreuodd nosweithie canu yn y Sloop yn rheolaidd. Bob nos Sadwrn wen nhw'n digwydd a wedd posteri yn cael eu rhoi ym mhob man yn dweud "Ruth at the organ – basket meals available". Fe welodd Mam-gu (Gran we ni'n 'i galw hi) y poster a dweud wrtha i'n ddigon pendant na wedd hwnna'n deg o gwbl. "Pam?" ofynnes i 'nôl. "Ma ishe i bawb wbod bod y noson mla'n a bod bwyd i ga'l hefyd." "O's, o's," medde hi

Y Sloop, Porth-gain

wedyn, "ond dyw e ddim yn deg bo ti'n gorfod gwitho *basket meals* hefyd!"'

Da iawn, mam-gu Ruth, am neud yn siŵr nad oedden nhw'n cymryd mantais o'ch wyres! Gan nad oedd Ruth yn gorfod canu a chwcan, daeth y nosweithiau'n llwyddiant mawr. A chyn hir, roedd treulio nosweithiau Calan yn y Sloop yn draddodiad poblogaidd hefyd.

'Wedd pawb yn dod 'ma o bob man ar un cyfnod, o Lanelli a Chaerdydd, bob man. 'Na beth wedd nosweithie da. Ond, wedyn, fe benderfynon ni bentrefwyr y bydden ni'n lico ca'l un o'r nosweithie 'ma i ni'n hunen, heb bobol o'r tu fas. Felly fe nethon ni esgus un flwyddyn bod y Sloop ar gau. Fe nethon ni i gyd guddio tu ôl i'r cyrtens a gweld y ceir yn troi lan a wedi gweld yr arwydd ar gau, y ceir wedyn yn troi rownd a bant i wilo am rywle arall. Pan wedd pob car wedi mynd, cynneu canhwyllau wedyn ar y byrddau, wedd tân prennau mawr yn y lle tân ac fe es i at y piano. Noson arbennig i ni bobol Porth-gain!'

Mae'n siŵr bod canrifoedd o draddodiad o fod yn bentre bach pysgota glan môr, yn bobol y chwarel a'r ffatri frics ac wedyn y frwydr i achub eu pentre wedi magu agosatrwydd a balchder mawr ym mhobol Porth-gain. Ac ar nos Galan roedd yn gyfle iddyn nhw ddod at ei gilydd fel teulu'r pentre ar aelwyd y Sloop. Un o ganeuon mwya poblogaidd Ruth Barker yw'r un â'r enw syml, 'Porth-gain'. Mae'r balchder yn amlwg yn y gân hefyd.

Lle mae'r don yn taflu ewin
Pan fo'r gwynt o'r de-orllewin
Ma 'na harbwr sydd yn agos at fy nghalon.
Yn y dafarn ar y muriau
Cewch y stori'n llawn mewn lluniau
Am weithfeydd y chwarel feini
Ym Mhorth-gain.

Pws
wrth y bar
Y Sloop

Sôn am ysbrydion a chymeriadau lleol, lliwgar, ma'n rhwydd teimlo presenoldeb y ddau ym Mhorth-gain hefyd. Ma lot fawr o ymwelwyr yn y dafarn drwy'r haf ac mae'n anodd cadw lle i'r ffyddloniaid. Ma 'da nhw eu cornel eu hunain, eu sêt fawr, ond ma estroniaid yn gallu ei llenwi yn ddigon rhwydd. Ond, ma 'da pobol Porth-gain eu ffordd o'i gwacáu os bydd angen. Ma rhywun clefyr wedi rhoi darn hir o gortyn y tu fewn i'r nenfwd. Ma 'na dwll bach yn y nenfwd wedyn, yn union uwchben un o'r byrdde lle gall pobol fod yn byta. Pob hyn a hyn, pan ma'r angen yn codi, ma rhywun yn rhyddhau un pen y cortyn, sy'n golygu bod y pen arall yn mynd lawr tua'r ford. Ac ar ben arall y cortyn, ma'n nhw wedi clymu pry copyn anferth! Pan ma hwn yn disgyn ar y bwrdd, ma'r ford yn wag yn ddigon clou! Ma hwnna'n dangos y math o gymeriade direidus sy yn y Sloop. Ma'r stori am gau'r llenni er mwyn rhoi'r argraff bod y lle ar gau ar nos Galan yn gwneud yr un peth.

Rhyfedd meddwl fod cymaint o bobol o bellteroedd drwy Brydain yn gallu dod o hyd i'r un dafarn anghysbell hon ond, 'na fe, roedd hi'n ganolfan ddiwydiannol bwysig iawn ar un adeg a chanddi gysylltiade eang hefyd. Fel arfer dwi ddim yn lico olion diwydiannol, ond am ryw reswm ma'r olion ym Mhorth-gain, y brics, y chwareli, yr odyne ac ati, yn ddigon derbyniol ac yn rhoi cymeriad cwbl unigryw i'r lle, a hynny reit wrth y môr.

Wrth adrodd stori Alfred Centennial Johnson, ma'n rhaid dweud bod yr holl beth wedi dod yn fyw iawn i fi. Ges i deimlad cryf bod yr hyn o'n i'n ei adrodd wedi digwydd yn y fan lle ro'n i'n sefyll. Dyw gweud straeon fel'na ar y rhaglen ddim yn waith mewn gwirionedd. Ma fe mwy fel mynd ar

Y Sloop, Porth-gain

refresher course ar hanes Cymru lle ma'r cyfan yn dod yn fyw, naill ai unwaith eto neu am y tro cynta. Ro'n i a'r criw ym mhob un o'r ardaloedd 'ma am ryw dridiau ar y tro. Ar y noson ola wedyn, bydde'r banjo'n dod mas a bydden ni wrthi'n chware am amser hir. Er mai un gân gan Radwm oedd ar bob rhaglen, bydden ni'n chware lot mwy na hynny yn y tafarne. Gafon ni noson o gerddoriaeth ddigon hwylus yn y Sloop. Yn y crowd yn y bar, roedd 'na Wyddeles oedd yn gallu canu go iawn. Fe ymunodd hi â ni, ninne'n canu'n Gymraeg a hithe'n ychwanegu caneuon Gwyddeleg. Fel mae'n digwydd, roedd hi'n gariad i naill ai Robson neu Jerome, sai'n cofio pa un, jyst gobeithio ei bod hi'n cofio! Roedd e 'na gyda hi. Ma'n grêt pan ma pethe byrfyfyr fel'na'n digwydd ac ma'r Sloop y math o le y gallwch chi ddisgwyl yr annisgwyl.

13

Glan-yr-Afon, Talgarreg

MAE'R DAFARN HON yn un sbesial, yn ddigon sbesial i gynnig stori un dyn yn unig. Ac mae'n rhaid bod y dyn yn un sbesial hefyd os yw e'n gallu llanw tafarn ar ei ben ei hunan. Glan-yr-Afon ym mhentre Talgarreg, Sir Ceredigion, yw'r dafarn a'r dyn sy â'i stori'n sownd wrthi yw Eirwyn Pontshân. Roedd e'n llythrennol yn gallu llenwi Glan-yr-Afon yn ddigon rhwydd gan ei fod yn un o ddigrifwyr mwya Cymru ac roedd e'n perfformio'n gyson yn nhafarn y pentre lle cafodd ei fagu. Roedd Pontshân yn foi gwahanol iawn i bawb arall a chanddo dalent unigryw. Bydd rhai o'i ffrindiau yn galw yn y 'Glan 'r afon', fel y'i gelwir yn lleol, i gofio am un o'r *locals* a ddaeth yn enwog trwy Gymru gyfan.

Ac mae un peth yn sicr, byddwn ni i gyd wedi cydio yn y ddau ddywediad mawr oedd yn rhan o'i berfformiad, yn ddieithriad, ac erbyn diwedd y bennod bydd yn anodd shiglo 'hyfryd iawn!' a 'hynny yw' o'n meddyliau!

Mas trwy'r ffenest a Sion Cwilt

Un o ffrindiau mawr Pontshân oedd Lyn Ebenezer, y darlledwr a'r awdur, a fe oedd y cynta i alw yn y dafarn i gofio am y digrifwr o Dalgarreg.

'Wi'n cofio'n iawn pryd 'nes i gwrdda fe am y tro cynta. Haf 1959, Steddfod Genedlaethol Caernarfon a finne'n digwydd mynd heibio'r Royal. Wrth fynd heibio, 'ma fi'n clywed sŵn chwerthin a churo dwylo yn dod o'r tu mewn. Edryches i drw'r ffenest a gweld dyn bach ar ben stôl a chap gwyn am ei ben. Tu ôl iddo, ro'dd boi yn sefyll a'i ddwylo y tu ôl i'w gefn, yn gwmws fel asiant yn gofalu dros ei artist! Des i ddeall wedyn mai Dennis, ei ffrind mynwesol, o'dd hwn. Arhosodd fi a'n ffrind i glywed y dyn 'ma. Fe glywon ni stori ddoniol ar ôl stori ddoniol a do'n ni ddim wedi clywed y fath beth erioed o'r blaen. Ar ddiwedd y noson, ro'dd cymaint o bobol 'na gorfod i fi fynd mas drwy'r ffenest ac wrth ddringo mas, des ochr yn ochr â Phontshân ei hunan. O'r diwrnod hwnnw, buodd y ddau ohonon ni'n ffrindie agos.'

Daeth Pontshân yn boblogaidd am y tro cynta yn yr 1950au, a hynny 'nôl yn ardal ei fagwraeth yng Ngheredigion. Yn yr ardal ehangach sy'n cael ei galw'n Banc Sion Cwilt, (wedi cael ei henwi ar ôl rhyw foi a wiwer neu rywbeth yn ôl y sôn!) roedd mynd go fawr ar y Pethe Cymraeg yn enwedig yr eisteddfodau lleol. Ond tra bod cannoedd ar gannoedd yn heidio i glywed y corau meibion a'r partïon adrodd ac ati, lle fyddai Pontshân? Wel, 'nôl yn y dafarn yn cynnig ei ddiddanwch ei hun. Fe, mewn gwirionedd oedd yn cynnig yr adloniant ffrinj cyn bod y fath beth yn boblogaidd mewn mannau fel Gŵyl Caeredin ac ati. Hynny yw, cynnig y ffrinj cyn bod y gair yn cael ei ddefnyddio fel mae e heddi'. O'r dechre'n deg, roedd un peth yn amlwg ynglŷn â hiwmor Pontshân – roedd yn hiwmor pobol gyffredin ac yn llawn straeon am fywyd bob dydd y werin. Ond yn aml hefyd, byddai pwynt bach digon bachog yn cael ei wneud ar ddiwedd y stori. Dyma i chi ddwy enghraifft o hyn o berffformiad ddigwyddodd yn Glan-yr-Afon.

'O'n i'n meddwl am Twm a Jac yn codi sied wair, hynny yw, tri postyn bob ochr. Darganfyddon nhw bod y postyn canol rhyw dri troedfedd yn rhy ishel. Ac aeth y prynhawn heibio, methu'n lân a deall beth o'dd i neud a'r postyn canol o'dd yn rhy ishel. Fe gas Twm *brainwave* tua amser te, a fel hyn ganodd Twm:

> O, Arglwydd, dyro awel,
> A honno'n awel gref
> I godi'r postyn canol
> Rhyw drodfedd tua'r nef!

'A wedyn, y pwynt mawr am y Sais, os y'ch chi'n gofyn iddo fe faint o'r gloch yw hi bydde fe byth yn dweud bod dim watsh 'da fe.'

Pontshân wedyn yn gwneud ymdrech fawr i godi ei fraich a'i phlygu ac edrych ar ei arddwrn.

'Bydde fe'n geso faint o'r gloch yw hi. Hynny yw, *if you're not important, look important* on'd dyfe!'

Mam-gu ac Idwaldod

Pan ddwedwyd gynne bod hiwmor Pontshân yn unigryw, falle nad oedd hynny'n fanwl gywir. Roedd 'na rywun arall oedd yn gweld pethe'n ddigon tebyg iddo fe, neu i fod yn fanwl gywir roedd e'n gweld pethe'n ddigon tebyg i rywun arall. Un o'i ffrindiau eraill, Emyr Llew, sy'n dweud mwy.

'Dylanwad mwya ei fywyd oedd ei fam-gu, menyw oedd yn cael ei galw'n Ruth Mynachlog. Roedd yn fenyw arbennig iawn a hiwmor yn union yr un peth ag Eirwyn ganddi. Tua diwedd ei bywyd hi, a hithe'n mynd yn fwy ffaeledig ac yn methu mynd i'r capel, roedd yn gofyn i'w ŵyr ddarllen o'r Beibl iddi. Wel, ar ôl peth amser o wneud hyn, roedd Pontshân yn blino a ro'dd e wedyn yn gwneud adnodau lan er mwyn eu gwneud nhw'n fwy doniol. Roedd hi wrth ei bodd â hyn. Dw i'n cofio un adnod, "Bwrw dy fara ar wyneb y dyfroedd" ac yntau'n ychwanegu, "ond gofala bod y teid yn dod miwn!"'

Roedd Tom Stephens yn ddylanwad mawr arall. Fe oedd prifathro Ysgol Talgarreg a fe sefydlodd aelwyd yr Urdd yn y pentre. Dyna oedd cyfle cynta'r Eirwyn ifanc i fagu hyder perfformio. Aeth yn ei flaen i fod yn saer coed wedyn a dyna oedd ei waith trwy gydol ei oes. Felly, nid rhywun gafodd addysg oedd e o gwbl, fel roedd e'n barod iawn i bwysleisio.

'Es i ddim i ysgol ramadeg a ches i ddim coleg. Addysg Dennis a finne o'dd darllen *Y Cymro* a'r *Faner* a gwrando ar bobol fel Dewi Emrys. Wedyn bydden i'n gosod y pethe pwysig lawr yn llyfr bach y ffeithiau. Wi'n cofio Dewi yn rhoi menthyg *Twf Llên Cymru* i fi a'r llyfryn 'ny yn agor y drws i gyfrolau eraill. A ro'dd gyda Dewi lot o amser i bobol fel ni, pobol o'dd yn fodlon gwrando a dysgu. A bydde 'da fe air caredig a chymorth wastad i "bobol yr ymylon".'

Ni wedi clywed am Dewi Emrys o'r blaen, 'nôl yn y Ship Abergwaun. Roedd e'n byw am sbel reit ochr draw'r hewl i Glan-yr-Afon. Handi iawn! Roedd Pontshân a fe'n treulio lot o amser 'da'i gilydd, naill ai yn y Bwthyn, cartre Dewi, neu yn y dafarn. Roedd y ddau'n ymateb ar lefel ddofn iawn i'w gilydd.

Cawr arall oedd yn ddylanwad aruthrol oedd neb llai nag Idwal Jones, athro ysgol, bardd a dramodydd. Digrifwr oedd e i ddechrau a phan oedd yn y coleg gyda'r bardd Waldo roedd y ddau yn dod at ei gilydd yn aml i greu gwaith digon gwahanol.

'Roedd y ddau wrth eu bodde yn gwneud cerddi doniol oedd yn nonsens yn aml,' meddai Lyn Ebenezer. 'Ond nid nonsens oedd e iddyn nhw. Roedd ganddyn nhw eu gair eu hunain i ddisgrifio'r hyn ro'n nhw'n ei ysgrifennu – Idwaldod! Dyna oedd yr enw ar ddwli Waldo ac Idwal ac roedd Pontshân yn sicr o dan ddylanwad Idwaldod. Dyma un o'i benillion.

O am fyw yn glŷd a diddan
Dan ymbarelo newydd sidan
Yna'n hwylio'n ara' ara'
Lawr yr afon mewn tun bara.

Roedd Pontshân wrth ei fodd â hwnna!'

Mae'n debyg iawn i beth oedd Spike Milligan a'r Goons yn ei wneud ond taw nid y Gwyddel doniol na'i driawd hanner call a dwl oedd wedi gwneud yr argraff fwya ar Pontshân ond Idwal Jones. Roedd y dwli'n cyrraedd ei straeon hefyd.

'Ma galwad natur y'ch chi'n gweld yn rhywbeth pwysig; hynny yw, pwysig iawn. A fi'n cofio fi a John fy mrawd a Ianto Llwyn Crwn yn mynd ar gefen ein beicie achan o Lanon i Lanrystud. A Ianto Llwyn Crwn yn stopio yng nghanol yr hewl ac yn gweiddi arnon ni, "Bois, wi bown' o fynd dros ben claw' ac agor fy nhrowser." A dyma fe'n mynd dros ben claw'. A John a fi yn aros amdano. Pum munud. Deng munud. Chwarter awr. Hanner awr hyd yn o'd. A dyna ni felly, ontefe, yn mynd i wilo amdano. A dyma ni dros ben claw' a dyna lle o'dd Ianto Llwyn Crwn yn ei gwrcwd yn llefen dagre'r glaw ac yn gweiddi, "Bois, bois, wi'n sownd bois!" A wir i chi, fe o'dd e'n sownd, hynny yw, ro'dd twll ei din e wedi cau am ben llygad y dydd.'

Penyberth a Jones y Fish

Roedd Pontshân yn arbennig o dda am ddweud pethe doniol mewn ffordd glyfar, hyd yn oed wrth iddo siarad â chi bob dydd.

'Os o'dd e'n gweld rhywun oedd yn meddwl ei fod e'n well na'i gilydd ac yn gwrthod arddel ei Gymraeg, bydde fe'n ei alw yn "ddyn *clean shave* a dwy iaith"!' meddai Emyr Llew. 'Wedyn, os oedd bois ifanc oedd yn feibion fferm mwy cyfoethog o gwmpas y pentre ac yn dangos rhyw falchder ffug wrth edrych lawr ar y werin, bydde fe'n eu galw nhw'n "fois Volvo dat"!'

A'r tu ôl i'r sylwadau clyfar, doniol hynny, roedd Pontshân wrth gwrs yn gwneud pwyntiau digon bachog. Ac mae ei genedlaetholdeb yn un llinyn cryf a chyson trwy ei straeon a'i sylwadau fel ei gilydd. Mae Lyn Ebenezer yn cofio pryd wnaeth y fflam genedlaetholgar gynneu am y tro cynta yng nghalon Pontshân.

'Rhyw drafaelwr 'te, dyn oedd yn cael ei alw'n Dic Te, buodd yn siarad gydag Eirwyn ac yn dweud stori llosgi'r Ysgol Fomio ym Mhenyberth wrtho. 'Na beth wnaeth i Eirwyn sylweddoli gynta beth oedd cenedlaetholdeb. Ac unwaith i hynny gydio ynddo fe roedd yn barod iawn i sefyll dros beth o'dd e'n ei gredu. A dweud y gwir, cafodd sawl cosfa am sefyll dros ei gred. Dw i'n lico meddwl amdano fe fel y dyn bach oedd yn barod i herio'r bwli mawr.

'Fe ddaeth yn dipyn o ffrindie gyda Caio Evans, arweinydd yr FWA, Byddin Rhyddid Cymru. Ac ma gan Pontshân a fi un peth yn gyffredin. Fe wnaeth Caio Evans datŵ o'r Ddraig Goch, a'r gair Cymru oddi tani, i'r ddau ohonon ni ar ein braich dde! A bod yn onest, mae'r tatŵ yn debycach i bŵdl na draig, ond mae'n destun balchder er hynny. Pan fyddai Pontshân yn mynd i hwyl, bydde fe'n codi llawes ei grys ac adrodd gydag arddeliad:

Bydd Cymru byth, waeth beth fo'i rhawd
Ym mêr fy esgyrn i a'm cnawd.'

Mae'r cwpled hwn yn dod o ddarn gan foi o'r enw Prosser Rhys. Enw'r darn oedd 'Cymru' ac roedd yn un o domen o ddarnau barddoniaeth Cymraeg roedd Pontshân yn gallu adrodd o'i gof. Roedd 'Cymru' yn sicr yn ffefryn yn ei berfformiadau cyhoeddus.

Mae Cen Llwyd yn cofio am Eirwyn yn sefyll dros yr hyn roedd yn ei gredu, fel wnaeth Lyn Ebenezer grybwyll gynne. Ac nid siarad plaen Pontshân o un o lwyfannau Cymru sy yn stori Cen.

'Pan oedd e wedi symud i ardal Pontshân, roedd e wedi cwmpo mas 'da cymydog o Sais. Roedd hwnnw'n achwyn am ryw ddarn o dir oedd ar y ffin rhwng tir y ddau a bod gwartheg

Straeon Tafarn

wedi crwydro o dir Pontshân ar dir y llall. Ar ôl sbel o'r Sais yn cwyno a Phontshân yn ei anwybyddu, ma Pontshân yn ei ateb 'nôl un dydd ac yn dweud fod 'na ffin rhwng Cymru a Lloegr oedd angen ei chywiro hefyd i rwystro pobol rhag crwydro drosti! Oedd dim ots 'da fe o gwbl i ddweud hynny.'

'Yr hyn roedd e'n ei gasáu fwya a dweud y gwir,' ma Emyr Llew yn ychwanegu, 'oedd yr holl syniad o Brydeindod. Doedd e ddim yn casáu y Sais ei hun fel unigolyn ond y ffaith bod Prydeindod yn farc arnon ni'r Cymry oedd yn ein rhwystro rhag tyfu a bod yn genedl.'

Er na wnaeth Pontshân fyw i weld sefydlu Cynulliad yng Nghymru (bu farw yn 1994) roedd yn pregethu cryn dipyn ynglŷn â'r angen i sefydlu Cynulliad. Yn ei ffordd gwbl unigryw ei hun, byddai'n disgrifio'r math o Gynulliad roedd e'n credu byddai Cymru'n ei gael yn y pen draw. Emyr Llew sy'n ei gofio'n sôn am hynny.

'Dywedodd y bydde'n rhaid galw'r Cynulliad yn Senedd Jones y Fish! Pam? Wel, roedd e'n adrodd stori wedyn ynglŷn â fe a'i wraig. Ar un adeg o'u bywyd, roedden nhw'n lodjo gyda dyn o'r enw Jones y Fish a hynny ym mharlwr ei dŷ. Dyna lle roedden nhw'n cysgu a phob dim. Ond y trwbwl oedd bod Jones y Fish yn dal i gadw pethe fel sanau ac ati mewn cwpwrdd yn y parlwr. O ganlyniad, roedd yn dod 'nôl a blaen i ôl ei sanau, ne' beth bynnag, o'r drôr. A fel'na bydd hi yn y Cynulliad medde fe, rhyw Senedd Jones y Fish bydd gyda ni a San Steffan yn dod 'nôl a mla'n i ôl ei sanau o hyd!'

Ffordd arbennig o wneud pwynt gwleidyddol! Athrylith yn wir sy'n gallu dweud pethe mawr mewn ffordd syml ma pawb yn ei ddeall a 'na'r math o foi o'dd e.

Cynan a'r frân

Ar wal yn Glan-yr-Afon mae 'na englyn i Bontshân sy'n gofnod parhaol o'i bresenoldeb yn y dafarn. Boi lleol arall, Donald Evans, sy wedi ei chyfansoddi. Mae e wedi gwneud y dwbwl cofiwch. Na, nid ennill y gynghrair a'r cwpan, ond cipio'r gadair a'r goron yn yr un Eisteddfod – ac mae e wedi gwneud hynny ddwywaith! Dyma shwd mae e wedi coffáu ei ffrind, Pontshân, ar wal y dafarn.

> **EIRWYN**
> Un môr o hiwmor o hyd – â'i ryfyg
> Yn ddifrifwch hefyd;
> Gwib ewyn dros graig bywyd
> Y sacr bach yn mesur byd.
>
> Donald Evans

Meddyliwch, cael gwaith fel'na ar wal tafarn! Ac er bod Pontshân yn gweld ei hunan fel rhywun o'r tu fas, o du fas y sefydliad Cymraeg, roedd yn mynd i'r Eisteddfod Genedlaethol yn gyson a daeth yn ffrindiau gydag ambell archdderwydd hefyd.

'Aeth Pontshân o fod yn adloniant ffrinj ardal Banc Sion Cwilt i fod yn ffrinj yr Eisteddfod Genedlaethol ymhen dim amser. Ac yn ei achos e, roedd yn digwydd yn ddisymwth tu hwnt. Falle bydde fe mewn rhyw dafarn yn ardal yr Eisteddfod a bydde'r gair yn mynd ar led bod Pontshân yn y Black, neu bod Pontshân yn y Red, a bydde pawb yn mynd i ble roedd e wedyn. Bydde'r lle'n llawn dop mewn dim.

'Dw i'n cofio Steddfod Bala a fe'n addo adrodd "Y Frân". "Wi'n teimlo mod i'n mynd i'w hadrodd," medde fe, "wi'n mynd i'w hadrodd, odw." Ac yna'n ishte lawr heb ei hadrodd! Erbyn diwedd wythnos, ac yntau wedi addo adrodd bob nos heb wneud, fe gododd ar ei draed a dweud, "Reit, wi yn mynd i adrodd 'Y Frân', rwy'n barod. Mae'n ddarn tywyll, hir, dyrys cofiwch. Ond dyma hi.

Mi weles frân
ar weun ca' mowr
os na a'th hi o 'co
mae 'co nawr!"

A'r lle yn rolio chwerthin wrth iddo fe ishte lawr.'

Does dim sôn ai barddoniaeth fel'na oedd wedi tynnu sylw'r Archdderwydd Cynan at Pontshân ond daeth y ddau wyneb yn wyneb, fel mae Emyr Llew yn ei gofio.

'Ma sôn am Pontshân yn trio mynd mewn i rhyw dafarn yn ystod Steddfod rhywle, ond doedd e ddim yn cael mynd mewn. Pwy ddaeth i ddrws y dafarn wedyn ond Cynan ac wrth ei weld 'ma Eirwyn yn dechre adrodd un o ddarnau barddoniaeth amlyca' Cynan, 'Mab y Bwthyn'. Ac fe adroddodd y darn o'r dechre i'r diwedd yn gyfan. Wel, roedd Cynan wrth ei fodd ac aeth â Pontshân i mewn i'r dafarn gydag e. Cyn diwedd nos, roedd Cynan yn talu am beint iddo fe hefyd!'

'Dw i'n cofio Cynan yn gofyn i Pontshân,' meddai'r prifardd dwbwl, dwbwl, Donald Evans, "Pa ddylanwad cynganeddol sy arnoch chi?" Ac wrth gwrs, do'dd yr un dylanwad cynganeddol ar Pontshân erioed yn ei fywyd.'

Dagrau'r digrifwr

Fel sy'n wir am bob digrifwr mae'n siŵr, roedd ochr ddifrifol iawn i Pontshân. Ond doedd dim llawer o bobol yn cael gweld yr ochr yna. Yn sicr, doedd e ddim yn rhywbeth y byddai unrhyw un yn ei weld pan oedd Pontshân o flaen y cyhoedd. Yn hytrach, roedd yn rhywbeth ar gyfer y munudau mwy preifat ac, ambell waith, roedd rheini'n cael eu rhannu gydag ambell ffrind, pobol fel Lyn Ebenezer.

'Yn sicr, ro'dd tristwch mawr 'na, tristwch affwysol, fel gyda phob comedïwr gwerth ei halen. Yr unig amser o'n i'n teimlo'r tristwch hwnnw oedd falle pan fydde dim ond ni'n dou 'da'n gilydd. Roedd yn poeni i'r byw am bethe ac roedd Cymru yn sicr yn ei dristáu. Ei ddywediad mawr yn y blynyddoedd ola oedd, "Y'n ni'n genedl o gachgwn!"'

Roedd Pontshân ei hun yn ymwybodol o'r pwysau trwm yma arno. Nododd hynny ar fwy nag un achlysur. Mae'r darn canlynol yn dod o'i lyfr *Hyfryd Iawn* (Y Lolfa). Mae'n amlwg bod y ffaith nad oedd pobol yn ei ddeall ar brydiau yn creu cryn dristwch ynddo.

> Pan fydda i'n dweud y pethe 'ma i gyd mewn cwmni da, ac yn arbennig pan fydda i mewn tafarn yn 'u dweud nhw, mi fydd pobol yn amal iawn yn cawlio ac yn camsynied ynghylch beth fydd ar 'y meddwl i... a beth sy'n eich diflasu chi ar adege yw gweld pobol yn chwerthin pan fyddwch chi'n mynegu'ch teimlade yn hollol ddidwyll. Ma'n nhw'n meddwl mai rhyw ysgafnder yw'r cyfan, a ma'n nhw'n camddeall. Mae digrifwch a difrifwch yn gymysg a'i gilydd, a ma' 'na adege pan fyddwch chi'n hollol ddiffuant.

Pan fu farw yn 1994, cafodd ei gladdu yng Nghapel Pisgah. Mae cwpled ar y garreg fedd, unwaith eto gan Donald Evans.

> Etifedd y ryfedd rin
> Cyfarwydd côf y werin.

Ryland Teifi ac Undeb y Tancwyr

Yn nyddiau cynnar teledu Cymraeg, roedd yn rhaid mynd i Loegr i wneud rhaglenni Cymraeg a draw i Fanceinion i stiwdios Granada fel arfer. Un rhaglen boblogaidd a wnaed yno ar ddechrau'r 1960au oedd *Dewch i Mewn*, rhaglen debyg i *This Morning* y dyddie hyn. Roedd y boi a aeth yn ei flaen i fod yn Brif Weithredwr cynta S4C, Owen Edwards, yn un o gyflwynwyr y rhaglen. Ac roedd y seren Iris Jones yn gyflwynwraig arall – wnaethon ni glywed amdani hi yn stori ffilmio *Under Milk Wood* yn Abergwaun. Cafodd Pontshân gynnig i fynd ar y rhaglen un tro.

'Lan â fi i Fanceinion i fod ar y rhaglen 'ma a ro'dd e'n draddodiad i dorri am ginio am union ddeuddeg o'r gloch. Ac wrth fyta yn y cantîn, dyna lle roedd Margaret Lockwood a Shirley Bassey ychan! Beth bynnag, ar ôl gwneud y rhaglen, daeth un o'r rheolwyr lan ata i a gofyn a fydden i'n lico aros 'mlaen yn hirach er mwyn ymarfer rhyw stwff yn Saesneg. Meddylies i, wel, tybed? A ddylen i ystyried y peth? Ond,

Ryland Teifi fel Eirwyn Pontshân

'nôl aethon ni tua Rhyl. Ond roeddwn yn dal i feddwl am y cynnig a dyma droi 'nôl at Granada, ond na, troi 'nôl eto ymhen tipyn a mynd gartre. O'n i fod yn Social Bontgoch y noson 'ny, a 'na lle bues i. 'Nôl gyda'r hen werin Gymraeg a dweud y pethe yn Gymraeg.'

Ie, 'na'n union lle roedd gartre i Pontshân. Ac er ei fod wedi'n hen adael ni mae ei ddylanwad yn parhau. Mae'r canwr a'r actor Ryland Teifi wedi creu act sy'n ddynwarediad ohono, ac yn deyrnged iddo. Ddyfalech chi byth, ond daw Ryland o Ddyffryn Teifi, o Ffostrasol a dweud y gwir, lle roedd ei rieni'n cadw siop. Daw o'r un ardal â Phontshân a falle fod hynny'n helpu Ryland i fynd dan groen y digrifwr. Mae ei rôl wrth actio Pontshân yn adrodd ei straeon yn gwbl gredadwy ac yn arbennig iawn. Mae e wedi cydio yn yr 'Hynny yw...' a'r 'Hyfryd iawn!' yn berffaith.

Mae Ryland, fel miloedd o Gymry eraill erbyn hyn, yn perthyn i gymdeithas arbennig iawn. Cymdeithas yr oedd Eirwyn Pontshân yn un o'i haelodau cynta'n deg. Mae sôn am y gymdeithas yn ail frawddeg y llyfr hwn hefyd. Ond 'na ddigon o oedi, dyma'r manylion gan Lyn Ebenezer.

'Fe gafodd anrhydedd arbennig yn Steddfod Aberystwyth, y steddfod lle gafodd ei gap gwyn enwog am y tro cynta. Harris Tomos a Stella o Gaernarfon oedd wedi ffurfio Undeb Cenedlaethol y Tancwyr. Gofynnwyd i Pontshân fod yn rhan o'r peth. Roedd unrhyw un yn cael bod yn aelod, cyn belled nag oedden nhw'n yfed dŵr! Ac, yn ôl Pontshân, dyna'r unig undeb mewn hanes na welodd streic erioed.

'Da'th llythyr i fi un bore oddi wrth Dennis yn sôn am gyfarfod hanner blynyddol Undeb Cenedlaethol y Tancwyr. O'dd e ddim yn ddigon i gynnal e unwaith y flwyddyn yn y Steddfod. A ro'dd cyfarfod mawr i fod gyda'r Parchedig Abednego Jones, Capel y Wiwer, Rhydaman yn areithio ar y testun "Dylanwad Syr John Buckley ar y bywyd Cymreig". Ar ôl y cyfarfod mawr ac arloesol yna o'dd hi fel diwygiad 'na!'

Cyfansoddwyd anthem arbennig i'r undeb a phob llinell wedi'i seilio ar ryw gyfeiriad neu'i gilydd at rywbeth mas o straeon Pontshân. Ac mae'n briodol iawn wrth ddod i ddiwedd stori Pontshân a diwedd llyfr yn llawn straeon tafarn ein bod ni'n ffarwelio 'da geiriau anthem Undeb y Tancwyr. Iechyd da!

O, mae pethau gwych mewn stôr
I yfwyr trwm y Bôr
Pan ddaw Walter Pantybarlat ar y sbri.
Y'ch chi'n barod, Mrs Morgan?
Mae'r Sais yn chwythu'r organ,
Wel nawr te, gyda'n gilydd un, dau tri:

Cytgan
Hei Leiff yw y gân
Pan ddaw Eirwyn o Bontshân,
Cwrw Cymru ydy'r cwrw gorau sy.
Daw y Ficer o Benstwffwl
I dalu am y cwbwl,
Undeb y Tancwyr ydym ni.

Os yw Mari'n cadw'r jam
Dan y babi yn y pram,
Os yw Ned a Madam Patti yn y ne,
Fe ddaw eto haul ar fryn,
Os na ddaw hadau, fe ddaw chwyn,
Awn yn ôl i'r botel jin tan amser te.
O, fydd neb yn cyfri'r gost
Nac yn achwyn bola tost
Pan ddaw stiwdent Pantycelyn yn ei ôl;
Os yw'r beinder dan y baw
Daw'r Inspector maes o law
Gyda brenin mawr y buarth yn ei gôl.

Harris Thomas

Hiwmor Pontshân, gol. Lyn Ebenezer (Y Lolfa)

Pws
wrth y bar
Glan-yr-Afon

Wy 'di bod ishe gwneud rhaglen am Pontshân erioed. Fe a Tommy Cooper oedd fy arwyr i ac er eu bod yn ddau foi cwbl wahanol, ro'n i'n dwlu ar y ddau. Des i nabod Pontshân lot yn well na Tommy Cooper wrth gwrs! Yr unig ffordd galla i esbonio bod yn ei gwmni fe oedd ei fod fel bod gartre. Teimlad hollol gartrefol oedd rhannu'r un man â fe ble bynnag oedd hynny'n digwydd bod. Roedd e'r un fath o deimlad â dod ag arogl gwynt tŷ eich tad-cu yn ôl i'r cof. A dyw hynny ddim yn beth arwynebol i'w ddweud chwaith. Roedd 'na deimlad o'r hen, yr hynafol, yn perthyn i holl fodolaeth Pontshân, popeth roedd e'n dweud a gwneud. A hynny, wrth gwrs, yn y ffordd ore bosib.

Daeth hynny i gyd 'nôl wrth fynd i Glan-yr-Afon ar gyfer y rhaglen. A law yn llaw â hynny, daw'r gair diwylliant wrth sôn am Pontshân hefyd. Oedd, roedd e'n dweud pethe hurt, doniol, ysgafn, dychanol, abswrd. Ond, yn fwy aml na pheidio, roedd 'na bwynt bachog ar ddiwedd y cyfan – ynglŷn â Chymru, ei hanes neu ei gwleidyddiaeth. Go brin bod enghraifft fwy amlwg o hynny na stori Cynulliad Jones y Fish.

Yn y tŷ yn Nhresaith, ma 'da fi dri o lyfre Pontshân mas drwy'r amser. Un yn y tŷ bach lawr llawr, un wrth y teledu a'r llall yn y stafell molchi lan llofft. Os byth bydda i'n teimlo'n isel neu ddim cystal ag arfer, estyn am y llyfre amdani a ma Pontshân 'nôl yn y stafell! Fel'na oedd hi hefyd yn Glan-yr-Afon. A phwy a ŵyr, falle fod rhai o'i straeon e'n wir hefyd. Chi byth yn gwbod.

Roedd ei weld yn perfformio ar rannau archif y rhaglen yn sbesial iawn a dweud y gwir. Roedd e ar ei ore mewn sefyllfa fel'na. Ac ar ei ore posib yn y cyfnod hwnnw rhwng bod yn gwbl sobr a wedi meddwi. Roedd 'na ryw awr rhwng y ddau gyflwr ac yn y cyfnod hwnnw roedd yn wefreiddiol. A chware teg i Glan-yr-Afon, mewn cyfnod ac ardal pan ma tafarne'n cau mor aml, ma'n nhw'n llwyddo i gadw fynd a chadw'r naws hefyd.

Hefyd o'r Lolfa:

Ffowc
o flwyddyn!

David Ffowc

£4.95